DISCARDED

Cómo criar niños
optimistas

Cómo criar niños
optimistas

7 PASOS
PARA ALEJAR A SUS HIJOS
DE LA DEPRESIÓN

Bob Murray
Alicia Fortinberry

AGUILAR

Copyright © Bob Murray, Alicia Fortinberry, 2006.
Título original: *Raising an Optimistic Child*, publicado por Mac Graw-Hill, 2006
De esta edición:
D. R. © Santillana Ediciones Generales, S.A. de C.V., 2008.
Av. Universidad 767, Col. del Valle.
México, 03100, D.F. Teléfono (55 52) 54 20 75 30

Argentina
Av. Leandro N. Alem 720.
C1001AAP, Buenos Aires.
Tel. (54 114) 119 50 00
Fax (54 114) 912 74 40

Bolivia
Av. Arce 2333.
La Paz.
Tel. (591 2) 44 11 22
Fax (591 2) 44 22 08

Colombia
Calle 80, 10-23.
Bogotá.
Tel. (57 1) 635 12 00
Fax (57 1) 236 93 82

Costa Rica
La Uruca,
Edificio de Aviación Civil, 200
m al Oeste
San José de Costa Rica.
Tel. (506) 220 42 42 y 220 47 70
Fax (506) 220 13 20

Chile
Dr. Aníbal Ariztía 1444.
Providencia.
Santiago de Chile.
Telf (56 2) 384 30 00
Fax (56 2) 384 30 60

Ecuador
Av. Eloy Alfaro N33-347
y Av. 6 de Diciembre.
Quito.
Tel. (593 2) 244 66 56 y 244
21 54
Fax (593 2) 244 87 91

El Salvador
Siemens 51.
Zona Industrial Santa Elena.
Antiguo Cuscatlan - La Libertad.
Tel. (503) 2 505 89
y 2 289 89 20
Fax (503) 2 278 60 66

España
Torrelaguna 60.
28043 Madrid.
Tel. (34 91) 744 90 60
Fax (34 91) 744 92 24

Estados Unidos
2105 NW 86th Avenue.
Doral, FL 33122.
Tel. (1 305) 591 95 22 y 591 22 32
Fax (1 305) 591 91 45

Guatemala
7ª avenida 11-11.
Zona nº 9.
Guatemala CA.
Tel. (502) 24 29 43 00
Fax (502) 24 29 43 43

Honduras
Boulevard Juan Pablo, casa 1626.
Colonia Tepeyac.
Tegucigalpa.
Tel. (504) 239 98 84

México
Av. Universidad, 767.
Colonia del Valle.
03100, México D.F.
Tel. (52 5) 554 20 75 30
Fax (52 5) 556 01 10 67

Panamá
Av. Juan Pablo II, 15.
Apartado Postal 863199,
zona 7.
Urbanización Industrial La
Locería.
Ciudad de Panamá
Tel. (507) 260 09 45

Paraguay
Av. Venezuela 276.
Entre Mariscal López y España.
Asunción.
Tel. y fax (595 21) 213 294 y
214 983

Perú
Av. San Felipe 731.
Jesús María.
Lima.
Tel. (51 1) 218 10 14
Fax. (51 1) 463 39 86

Puerto Rico
Av. Rooselvelt 1506.
Guaynabo 00968.
Puerto Rico.
Tel. (1 787) 781 98 00
Fax (1 787) 782 61 49

República Dominicana
Juan Sánchez Ramírez 9.
Gazcue.
Santo Domingo RD.
Tel. (1809) 682 13 82 y 221
08 70
Fax (1809) 689 10 22

Uruguay
Constitución 1889.
11800.
Montevideo.
Tel. (598 2) 402 73 42 y 402
72 71
Fax (598 2) 401 51 86

Venezuela
Av. Rómulo Gallegos.
Edificio Zulia, 1º.
Sector Monte Cristo.
Boleita Norte.
Caracas.
Tel. (58 212) 235 30 33
Fax (58 212) 239 10 51

Primera edición: abril de 2008.
ISBN: 978-970-58-0325-3
Diseño de cubierta y de interiores: Mariana Alfaro Aguilar.
Impreso en México.

ÍNDICE

SEGUNDA PARTE

SIETE PASOS PARA ALEJAR, PARA SIEMPRE, A SUS HIJOS DE LA DEPRESIÓN

TERCERA PARTE

APLICACIÓN DE ESTRATEGIAS DE PADRES OPTIMISTAS A LOS DESAFÍOS COMUNES

AGRADECIMIENTOS

Vaya toda nuestra gratitud a nuestra inapreciable y continua colaboradora Sophie Ozolins. Nos encantó volver a trabajar con nuestra editora Judith McCarthy, siempre sagaz y alentadora, y con miembros del equipo de McGraw-Hill, entre ellos Nancy Hall, nuestra editora de proyectos, y Lizz Avilés, nuestra publicista. Como siempre, nuestro agradecimiento para nuestra agente Jeanne Fredericks, por su apoyo inteligente y sensible.

INTRODUCCIÓN

Los elementos que nos permiten ser optimistas, experimentar un auténtico gozo y realización durante la vida y hacer verdaderas amistades ya casi están establecidos a los seis años de edad. Pero también las condiciones para la depresión, la angustia y para muchas otras enfermedades, desde males del corazón hasta la diabetes.

Y sin embargo, hay poca información para los padres de niños muy pequeños sobre cómo crear las condiciones que fomenten un optimismo continuo y prevengan la depresión. Esto es así, en parte, porque durante la década pasada, poco más o menos, las principales técnicas para prevenir y tratar los trastornos del carácter se basaron en la modificación de la manera de pensar, pero este enfoque intelectual o "cognitivo" no funciona para los niños muy pequeños, que aún no son capaces de analizar sus propios pensamientos. También para los adultos la psicología cognitiva tiene limitaciones, pues los estudios muestran que nuestras emociones y el estado de nuestras relaciones determinan nuestros pensamientos y nuestra autoestima, y no a la inversa. De hecho, sobreponer pensamientos positivos a los negativos sólo consigue suprimir éstos temporalmente.

En particular hasta los seis años, los niños desarrollan su pensamiento y sus reacciones emocionales a partir de lo que ven en usted y en los otros adultos de su entorno inmediato (incluso en los hermanos mayores). Su cerebro es una grabadora que almacenará fielmente cada matiz de la interacción de los adultos entre sí y con él, para copiarla más tarde en su vida. En realidad, hasta la estructura y las funciones de su cerebro serán determinadas por estas interacciones. Si sus relaciones tempranas son positivas y afirmativas, no sólo se sentirá seguro y querido, sino que más adelante creará relaciones afirmativas y experimentará bienestar. Si se fracturan sus relaciones tempranas, los conflictos y tensiones también se reproducirán, de manera asombrosamente fiel, conforme crezca. El resultado: un niño que se siente abrumado, indefenso y sin esperanzas —tal vez hasta deprimido y angustiado— y un adulto que tiende a buscar relaciones que produzcan angustia y depresión.

Durante las últimas décadas, los académicos han discutido acaloradamente sobre si el factor determinante del optimismo, el pesimismo y la depresión es biológico o producto de la crianza o, más recientemente, una combinación de ambos. En 2005, investigadores de la Universidad de Queensland, Australia, se sorprendieron al comprobar que la biología de un niño desempeñaba un papel mayor del esperado.[1] Sin embargo, la gran mayoría de las pruebas muestra un delicado equilibrio entre la genética y el entorno de un niño como el factor decisivo. El elemento más importante de ese entorno es la relación de sus padres y sus estilos de crianza.

Como psicólogo (Bob) y como psicoterapeuta (Alicia), así como maestros y asesores de organizaciones (ambos), durante más de dos décadas hemos ayudado a personas, familias y organizaciones a crear optimismo y relaciones de apoyo sólidas que promuevan el éxito en todos los ámbitos de la vida. Nuestro Uplift Program, de gran éxito internacional, y nuestros libros —entre ellos *Creating Optimism: A Proven Seven-Step Program for Overcoming Depression*—, han dado herramientas prácticas y sencillas a miles de personas para prevenir y superar trastornos de la conducta y descubrir la felicidad auténtica.

Muchos padres y profesionales de la salud nos han pedido extender la información presentada en *Creating Optimism*, sobre cómo formar familias unidas y armoniosas que estimulen la capacidad innata de los niños para generar optimismo y vigor.

Recientes investigaciones efectuadas en los ámbitos de la neurobiología, la fisiología del movimiento y la teoría del apego han arrojado nueva luz sobre cómo prevenir trastornos de la conducta en la niñez temprana. Al mismo tiempo, están surgiendo conocimientos nuevos de una fuente inesperada: el pasado remoto de nuestros antepasados cazadores y recolectores. Basándonos en estos datos y en nuestra experiencia clínica, compartiremos nuestra estrategia, paso a paso, para crear una familia optimista y libre de depresiones. Este libro ofrece una guía práctica para dar al niño un ambiente que asegure su capacidad de enfrentarse a cualesquiera desafíos que le anteponga nuestro cada vez más complicado mundo. Garantizará que el niño nunca tenga que confrontar estos desafíos sin apoyo, estímulo y valores internos sólidos.

En la Parte I explicaremos las condiciones del optimismo y la salud emocional y lo ayudaremos a comprender cómo la depresión y los problemas de conducta pueden establecerse en los primeros años de vida de un individuo.

La Parte II ofrece nuestro programa práctico, de siete pasos, para alejar de por vida a su niño de la depresión.

Paso 1: No permita que su propio saboteador interno afecte a su familia: identifique y cambie las pautas negativas de crianza.

Paso 2: Establezca un equilibrio saludable entre el trabajo y la familia: elabore un plan de prioridad para la crianza, y apéguese a él.

Paso 3: Establezca una red de relaciones de apoyo en torno suyo y de su hijo, utilizando nuestras técnicas de diálogo basado en las necesidades.

Paso 4: Fije un proceso claro para la toma de decisiones familiares: hasta niños pequeños pueden aprender estas capacidades en el Cónclave familiar.

Paso 5: Establezca reglas, funciones y rituales: los ingredientes esenciales de una familia armoniosa.

Paso 6: Cree una cultura familiar de elogios apropiados y fomente la autoestima y la confianza en las capacidades propias.

Paso 7: Desarrolle y alimente creencias y valores compartidos, para dar nexos, resistencia y poder a la familia.

La Parte III muestra a los padres cómo enfrentar los desafíos comunes de la crianza: cómo combatir su propia depresión; cómo aumentar la autoestima y la confianza en tus propias capacidades para alcanzar un optimismo de por vida; cómo hacer frente a los desórdenes causados por el trastorno de déficit de atención con hipractividad (TDAH); cómo mejorar la imagen corporal; cómo mitigar los efectos de la separación, el divorcio y la pérdida; cómo alimentar la unión en los casos de padres solos y familias mezcladas; y proteger al niño pequeño de abusivos y de influencias externas potencialmente dañinas y deprimentes.

NOTA

[1] J. Najman, *et al.*, "Predictors of Depression in Very Young Children: A Prospective Study", *Social Psychiatry and Psychiatric Epidemiology* 40, núm. 5, 2005 pp. 367-374.

NOTA DE LOS AUTORES

Nos dirigimos a nuestros lectores como padres, pero también estamos hablando a todos aquellos interesados por el bienestar de los niños y de los adultos que llegarán a ser. Las técnicas esbozadas en este libro fueron planeadas para familias con niños de menos de seis años, pero casi todas son aplicables, y no menos eficaces, para niños mayores. Aunque no suponemos que la madre sea siempre la principal cuidadora del niño, también por mayor simplicidad a menudo empleamos el término *madre* para referirnos al principal cuidador.

PRIMERA PARTE

CÓMO COMPRENDER Y PREVENIR LA DEPRESIÓN EN LOS NIÑOS

1

LA CLAVE PARA CRIAR A UN NIÑO OPTIMISTA

*

Ema, una niña de cuatro años habitualmente vivaracha, saludable y curiosa, a quien le encantaban los juegos, empezó a mostrarse cada vez más apática, obstinada y poco comunicativa. Su madre, Laura, se preocupó cuando Ema empezó a tener dificultades para dormir. También dejó de jugar con sus amigas, no quería ir a la preprimaria y ni siquiera juguetear con su padre, además, se quejaba de constantes dolores de estómago. La pediatra de Ema no pudo encontrar una causa física de sus males, así que sugirió darle antidepresivos.

Laura, preocupada por el empleo de medicinas no probadas para niños, se puso en contacto con Bob. "Estoy confundida", le dijo. "Nada parece funcionar, y me siento cada vez más frustrada, menos paciente y más incapaz."

"Dime lo que ha estado ocurriendo en casa", contestó él.

"Las cosas no han ido demasiado bien", reconoció Laura. "Mi esposo, Julian, ha estado bajo una enorme presión de trabajo durante todo el año, y nos estamos peleando todo el tiempo. Me preocupa lo que ocurrirá si Julian pierde su empleo, estoy tratando de ahorrar cada centavo y al mismo tiempo me aterra la idea de que nos separemos. Ahora que lo pienso, ambos hemos estado molestos y distraídos, y tal vez Ema esté reaccionando ante esa situación."

"Tratemos de mejorar el modo en que se llevan tú y Julian, y la manera en que manejan el estrés", sugirió Bob. "También puedo recomendarles algunos sencillos principios de la crianza que suelen ayudar." Cuatro meses después, la relación de la pareja había mejorado mucho, y aprendieron a apoyarse uno al otro en épocas difíciles, así como a enfocarse más en las necesidades de Ema.

Criar a un niño optimista y emocionalmente sano no es fácil en nuestro estresante mundo actual. Modificando los factores del entorno de Ema que la estaban inclinando a la depresión, y siguiendo algunos lineamientos prácticos, sus padres no sólo aumentaron enormemente el bienestar de su hija sino que también echaron los cimientos para dotarla, de por vida, de optimismo y vigor.

LA EPIDEMIA DE LA DEPRESIÓN

Al igual que Ema, más y más niños están siendo diagnosticados con depresión y los desórdenes relacionados con ella, como angustia y trastorno de estrés postraumático (TEPT),[1] desde su primer año de vida o desde el nacimiento.

En su informe del año 2001, "La depresión en niños y adolescentes", el Instituto Nacional de Salud Mental (NIMH, por sus siglas en inglés) informó que uno de cada tres niños estadounidenses sufre de depresión, y 4 por ciento de los niños de menos de seis años —más de un millón— han sido diagnosticados como depresivos. Investigaciones más recientes muestran que el verdadero número quizá sea mucho mayor y, según un estudio reciente de Harvard, aumenta a un ritmo de 23 por ciento anual. Resulta alarmante que los niños en edad preescolar constituyan el mercado en más rápido crecimiento para los antidepresivos,[2] pese a las advertencias del gobierno sobre posibles peligros[3] y al hecho de que —según la

Administración de Medicinas y Alimentos (FDA, por sus siglas en inglés)—, los antidepresivos probablemente no sean de ninguna utilidad en el tratamiento de los niños.[4]

Sin embargo, un problema mayor es el de los niños que acaso no muestran síntomas de depresión pero que están viviendo, en sus cruciales seis primeros años de vida, experiencias que más adelante les causarán trastornos emocionales. En su paso por la adolescencia y la universidad, más de 60 por ciento sufrirá accesos de depresión grave.[5] Según el NIMH, el suicidio es hoy la tercera causa de muerte entre adolescentes. Un informe de 2001 de la Organización Mundial de la Salud advierte que para cuando el niño se convierta en adolescente, la depresión será el asesino número dos en el mundo (tan sólo detrás de las enfermedades del corazón, a las que contribuye la misma depresión). Hasta la depresión que está afectando cada vez más a los ancianos puede tener su origen en los primeros años de vida.[6]

DEPRESIÓN Y ANGUSTIA EN LA FAMILIA MODERNA

En el meollo mismo de la epidemia de depresión están la enorme presión que nuestro moderno estilo de vida ejerce sobre familias sin ningún apoyo y cada vez más fragmentadas, los intereses comerciales que apuntan a "consumidores" cada vez más jóvenes, y un ambiente social y ecológico en pleno deterioro. Todo esto puede crear traumas en los niños, impedir que sus necesidades emocionales sean satisfechas y arrebatarles su optimismo innato.

Es difícil criar a un niño confiado, decidido, emocionalmente sano y optimista si se está preocupado por desarrollar la propia carrera (o simplemente por conservar el empleo), pagar las cuentas, mantener una buena relación con la pareja, comer bien y hacer ejercicio, y asumir las incontables responsabilidades de la vida moderna. Sencillamente, parece que nunca nos alcanza el tiempo.

La situación empeora si no se cuenta con muchas fuentes de apoyo que eran tradicionales, como los parientes solícitos que viven cerca, un vecindario unido o médicos y sacerdotes comprensivos, con tiempo suficiente para escuchar nuestros problemas y darnos un buen consejo. Más difícil aún se vuelve todo esto para la persona que cría sola a sus hijos, o para las familias mezcladas en que abundan los conflictos.

El estrés familiar y sus efectos sobre el niño son factores de riesgo de depresión mucho más poderosos que la predisposición genética individual, aunque estos aspectos relacionados con el entorno pueden despertar el gen de la depresión... o acallarlo. De hecho, el niño puede volverse depresivo sin tener siquiera ese gen, o nunca padecer depresiones aun si lo tiene.

Controlar la propia vida emocional es lo mejor que puede hacer para asegurar la salud emocional del su hijo.[7] Entre 25 a 30 por ciento de las mujeres sufren de depresión, y los hijos de padres deprimidos tienen una probabilidad de 40 por ciento de desarrollar depresión, en comparación con 20 por ciento de la población en general (masculina y femenina).[8] Aunque estar deprimido y angustiado no necesariamente lo convierte a usted en un padre malo o condene a su hijo a sufrir trastornos emocionales, sí es importante que busque ayuda. Cuanto más optimista se vuelva usted, más se manifestará el optimismo natural de su hijo.

EN LUCHA CON NUESTROS GENES

Hasta donde pueden decirnos los paleontólogos y los antropólogos, la depresión clínica duradera no existía entre nuestros antepasados cazadores y recolectores. En realidad, según el biopsicólogo Bjørn Grinde, los seres humanos son optimistas innatos "porque un buen estado de ánimo y una visión hasta cierto punto rosada del mundo, resulta benéfico para los genes".[9] La fe en un resultado positivo, la confianza de unos en otros y en los dioses dieron a los primeros seres humanos la determinación y resistencia necesarias para soportar condiciones difíciles, como las sequías hasta que llegaran las lluvias.

Sin embargo, el desajuste ante nuestro estilo de vida y nuestra constitución genética amenaza con anular la predisposición de nuestra especie al optimismo y con crear una sociedad pesimista.[10] Somos, como dice Grinde, "una criatura de la Edad de piedra en un zoológico de la Edad del jet".[11]

El advenimiento de la agricultura, que reemplazó al estilo de vida del cazador-recolector hace unos cinco mil a 10 mil años, alteró, para mal, la manera en que nos relacionamos entre nosotros y con nuestro medio. El grupo cazador-recolector daba completo apoyo a padres e hijos, quienes eran apreciados por toda la tribu y, en gran medida, criados por la comunidad. Una madre joven necesita durante gran parte del tiempo tener a su alrededor a otras mujeres con quienes compartir la carga, que se ocupen del niño cuando está cansada, y le den consejos y apoyo emocional. Las estancias infantiles y las ocasionales reuniones del grupo de madres no son sustitutos adecuados. El padre de un niño pequeño también requiere del consejo, la compañía y el apoyo de otros hombres.

En los seres humanos, el arte de la crianza, como tantas otras cosas, se aprende, no es algo instintivo. A diferencia de un canguro o de una cabra de las montañas, no nacemos sabiendo ser un buen padre o una buena madre. Por medio de lo que el escritor y biólogo Matt Ridley llama "naturaleza *vía* crianza", la naturaleza nos equipa con genes que nos predisponen a aprender por experiencia.[12] Hoy, como antaño, criar a un niño es una habilidad que se adquiere en gran parte por observación. Una niña cazadora-recolectora aprendía a ser madre observando a todas las demás mujeres de la tribu y cuidando a los niños más pequeños. Un niño aprendía la paternidad observando a los hombres y enseñando a los más pequeños. Ya de adultos, los padres en la Edad de piedra recurrían a la sabiduría de los ancianos de la tribu y a toda una gama de modelos paternales.

No estamos proponiendo un completo retorno al estilo de vida de los cazadores-recolectores; aun si deseáramos hacerlo, la Tierra está ahora demasiado poblada. Sin embargo, hay muchas lecciones que aprender del modo en que nuestros más remotos antepasados vivieron durante casi dos y medio millones de años, como acaban de descubrir los investigadores modernos. Las técnicas y los lineamientos únicos de este libro se basan en lo que se considera esencial para la dicha humana.

LOS SECRETOS DE LAS FAMILIAS OPTIMISTAS

Contra lo que puedan decirle a usted muchos expertos, la familia ideal no está centrada en satisfacer las necesidades del niño, sino en las relaciones.[13] El secreto para tener un hogar feliz y libre de depresiones no consiste en enfocarse exclusivamente en el niño a expensas del propio desarrollo y de las relaciones con la pareja y con los amigos, sino en crear un ambiente que nutra a toda la familia y fortalezca los vínculos. Para los seres humanos, jóvenes y viejos, las relaciones lo son todo.

El optimismo natural de un niño se conserva en un hogar optimista. Si sus padres ven los reveses como desafíos y no como derrotas, si creen que las personas pueden superarse y se abstienen de inculpar, quizá el niño crezca estimulado y optimista.

Hay ciertos factores que en conjunto fomentan el optimismo en su hijo:

1. Padres que llevan una buena relación.
2. Tiempo y atención suficiente de los padres.
3. Estilos de crianza empáticos y congruentes.
4. Valores familiares compartidos.
5. Acceso a un medio natural que constituya un desafío.

Buenas relaciones entre los padres

El apoyo, la estabilidad y la armonía de la familia son una defensa contra la sociedad disfuncional de hoy y son la clave de su propio bienestar y de la fortaleza y futura felicidad de su hijo. Si su "tribu" es segura, él se sentirá seguro y confiado; si hay fricción, él temerá la desintegración de su familia y el abandono.

Algunas investigaciones han mostrado que en matrimonios donde predomina la cercanía y la confianza, las madres son más cálidas y más sensibles a sus bebés, y los padres mantienen actitudes más positivas hacia sus pequeños y hacia su papel de padres.[14] Es difícil, si no imposible, para una madre establecer un nexo sólido con su hijo si no se siente apoyada o si experimenta fricción con su pareja o con otros adultos importantes en su vida. Más adelante, estas relaciones moldearán los vínculos emocionales de su hijo y determinarán si se siente seguro y capaz de amar, o angustiado y apartado de la sociedad.[15]

Tiempo y atención

El mayor don que usted puede dar a su hijo es usted mismo: su tiempo. El niño muy pequeño necesita que sus cuidadores principales estén siempre a la mano prestándole atención para consolidar un vínculo seguro, primero con su madre (es lo óptimo), y luego con su padre.[16] Un vínculo sólido es uno de los mejores indicadores de salud emocional en el niño y después en el adulto. Conforme crece y explora su autonomía, necesita que sus cuidadores estén presentes y disponibles para darle ayuda y aliento en la absorbente tarea de dominar su propio entorno.

Nuestra tendencia moderna a definirnos por el número de horas que trabajamos y el dinero que ganamos habría resultado incomprensible a nuestros antepasados cazadores-recolectores, quienes trabajaban (se hacían de alimento y abrigo) durante sólo unas ocho o diez horas *a la semana*. En el grupo había siempre un regazo para el bebé o un brazo fuerte para ayudar al niño.

La empatía

Existe gran confusión acerca de encontrar el estilo de crianza correcto, por ejemplo, entre ser demasiado permisivo o demasiado autoritario. Valerse de la empatía y la congruencia en los modos que le sugerimos, lo capacitará a usted para ser cálidamente sensible sin dejar de mantener unos límites y un control apropiados, todo lo cual es esencial para el optimismo de su niño.

Empatía no es lo mismo que compasión o lástima. La empatía es la capacidad de ver al mundo a través de los ojos de otra persona e imaginar lo que puede sentir. Valerse de la empatía con su hijo supone comprender aquello por lo que él está pasando, responder apropiadamente a sus necesidades y alentarlo hábilmente, con elogios. Un equipo encabezado por la doctora Vicky Flory, de la Universidad Católica Australiana en Sydney, mostró que cuando a los padres de niños severamente deprimidos y angustiados de entre 6 y 13 años se les enseñaba a usar la empatía y prestar atención a las emociones de sus hijos, se reducían considerablemente los trastornos de carácter y de conducta de éstos.[17]

Los padres atrapados en un torbellino de sentimientos negativos pueden encontrar difícil mostrarse sensibles a los estados emocionales de otros. Y sin embargo, su empatía es decisiva para el conocimiento de sí mismo del niño, para su autoestima y para su adaptación psicológica general.

La falta de empatía por parte de los padres obliga al niño a buscar una compensación en formas disfuncionales. Por ejemplo, si el llanto de un niño hace que sus padres se pongan demasiado ansiosos, quizá el niño aprenda a ocultar todos los sentimientos negativos, y así más avanzada su vida carecerá de la capacidad de reconocerlos y hacerles frente. Podrá crecer inconsciente de sus propias emociones, pero ser hipersensible a toda desaprobación y otras reacciones negativas en los demás. Tal vez pase el resto de su vida buscando comprensión y reconocimiento en formas disfuncionales que le harán parecer exigente y egoísta, provocar discordia y rechazo y reforzar su sensación de no ser comprendido.

Podrá empezar a mostrarle —y a enseñarle— empatía de manera sencilla a su hijo desde muy pequeño "reflejándolo" o imitándolo, tal vez dirigiéndole una gran sonrisa cuando sonríe y abriendo mucho los ojos y la boca cuando él muestre sorpresa. Conforme crezca, podrá mostrar empatía alentándolo a poner sus sentimientos en palabras y siendo solidario con él. La empatía le permitirá dejar aparte momentáneamente sus propios pensamientos y sentimientos —y hasta su depresión—, para reconocer y comunicar que comprende lo que el niño siente y demanda.

La congruencia

Un niño necesita confiar en que sus padres se comportarán de manera predecible entre sí y para con él. Un niño de dos años violará las reglas para asegurarse de que aún están éstas en vigor, pues aprende el dominio de sí mismo cuando otros miembros de la familia mantienen límites firmes, control y congruencia en su conducta. Según el connotado psiquiatra de la UCLA y escritor, el doctor Daniel J. Siegel, los hijos de padres que no muestran congruencia pueden sufrir de una malformación en las áreas del cerebro que gobiernan la emoción, la memoria y el establecimiento de relaciones, lo que conduce a la depresión y a graves problemas de conducta.[18]

La coherencia es, en sí misma, una forma de comunicación con niños muy pequeños que aún no pueden hablar y que sólo comprenden lo que se desea de ellos por medio de las reacciones de usted. Si usted no reacciona cada vez del mismo modo, su pequeño se confundirá y probablemente adoptará el hábito de tratar de adivinarlo a usted... y, más avanzada su vida, a otros. Como esta "adivinación" rara vez funciona, el niño inevitablemente lo decepcionará, tal vez provocándole frustración o hasta ira. Si las reglas no se aplican en forma congruente, el niño no las seguirá.

Y, casi por encima de todo, un niño busca estabilidad, previsibilidad y rutina. Podrá apreciar la variedad, pero sólo dentro de un marco consistente de pautas de relación, que son su base de referencia. Este deseo de equilibrio se mostrará en detalles pequeños: el niño deseará que usted juegue los mismos juegos, le lea los mismos cuentos (a menudo, las mismas partes y en el mismo tono de voz) y utilice el mismo ritual para darle las buenas noches. Usted y su pareja también deberán ser congruentes en la forma en que se relacionan, o su niño supondrá que algo anda mal y se angustiará. Cuando tenga tres o cuatro años, podrá tratar de intervenir para re-crear lo que perciba como la relación anterior más estable entre ustedes. Por ejemplo, si hay un conflicto entre usted y su pareja, el niño quizá opte por actuar para desviar la atención de la ira de usted.

Valores compartidos

Los sistemas de valores compartidos "se encuentran en el meollo de todo funcionamiento familiar y son poderosas fuerzas de resistencia", observa la profesora Froma Walsh, de la Universidad de Chicago, en su libro *Strengthening Family Resilience*.[19] Unos valores, metas, rituales y creencias espirituales compartidos unen poderosamente a la familia, así como unieron a la tribu cazadora-recolectora, y ayudan al niño a adquirir un sentido de pertenencia —de formar parte de algo— y de seguridad. Ciertos valores tienen beneficios intrínsecos para reducir los mensajes negativos de nuestra sociedad, que fomenta la depresión al promover la satisfacción instantánea, el consumismo adictivo, el cinismo y la impotencia.

Un ambiente natural

Los niños que crecen con algún contacto con el medio natural suelen tener menos problemas psicológicos —y una más prolongada capacidad de atención— que los demás. "Los hechos estresantes de la vida no parecen causar tanta depresión psicológica en los niños que viven en condiciones naturales en comparación con los niños que viven en condiciones de poco contacto con la naturaleza", dice Nancy Wells, profesora asistente del Colegio de Ecología Humana del Estado de Nueva York, en Cornell. "Y el efecto protector de la naturaleza cercana es más fuerte para los niños más vulnerables que para quienes experimentan los más altos niveles de estrés de la vida.

"Nuestros datos también sugieren pocos límites a los beneficios del contacto con el ambiente natural. Hasta en un medio rural con una relativa abundancia de verdor, el efecto del ambiente fortalece la resistencia de los niños contra el estrés o la adversidad."[20]

Mientras controlamos y saqueamos cada vez más al planeta en lugar de vivir en armonía con él, así también estamos cambiando el marco mismo que debiera curar, enseñar y formarnos a nosotros y a nuestros hijos. Hoy quedan muchos menos lugares seguros que permitan a los pequeños juguetear libremente, explorar y realmente ser niños. Diríase que esperamos que los niños se cambien a sí mismos para adaptarse a nuestro estilo de vida cada vez mas frenético y estéril, en lugar de garantizar que nuestra sociedad refuerce unas experiencias positivas para la niñez.

De muchas maneras, en realidad, buscar una felicidad natural en la niñez ha llegado a ser considerado como una anomalía psiquiátrica. Querer jugar ruidosamente, tener aventuras en la naturaleza o dar gritos o chillidos de gozo es algo que a veces se ha considerado como un desorden del déficit de la atención (TDA/TDAH). Una conducta ruidosa normal, aunque irritante, tendiente a llamar la atención y a poner a prueba los límites es algo que hoy puede ser clasificado como trastorno de la conducta. Es como si necesitáramos que nuestros hijos fueran pasivos, deprimidos y observadores obedientes mientras nosotros, los adultos, llevamos adelante la opción de arruinar nuestra salud y la ecología por medio de nuestra desenfrenada ética de trabajo y de nuestro abrumador consumismo.

Sin embargo, gozar algún tiempo la naturaleza y hacer mucho ejercicio son cosas que pueden ayudar enormemente a los niños (y a usted) a encontrar un saludable equilibrio y a rechazar la depresión y los desórdenes de la conducta relacionados.

NOTAS

[1] Rachel Yehuda, *et al.*, "Transgenerational Effects of Posttraumatic Stress Disorder in Babies of Mothers Exposed to the World Trade Center Attacks During Pregnancy", *Journal of Clinical Endocrinology and Metabolism*, 3 de mayo de 2005, doi, p. 10. 1210/jc.2005-0550.

[2] Thomas Delate, *et al.*, "Trends in the Use of Antidepressants in a National Sample of Commercially Isured Pediatric Patients, 1998 a 2002", *Psychiatric Services* 55, núm. 4, 2004, pp. 387-391.

[3.] M. L. Murray, *et al.*, "A Drug Utilisation Study of Antidepressants in Children and Adolescents Using the General Practice Research Database", *Archives of Disease in Childhood* 89, núm. 12, 2004, pp. 1098-102.

[4] C. Adams y A. Young, "Giving Antidepressants to Children May Not Work, FDA Says", *Kinight Ridder Newpaper*, 15 de febrero de 2004.

[5] Association of American Colleges and Universities, "Bringing Theory to Practice: Depression, Substance Abuse, and College Student Engagement", informe de julio de 2004 citado por Kevin Bergquist en "Engaging a New Way of Battling Substance Abuse and Depression", *The University Record*, Univesity of Michigan, 6 de julio de 2004.

[6] Ronald C. Kessler, *et al.*, "Lifetime Prevalence and Age-of-Onset Distributions of DSM-IV Disorders in the National Comorbidity Survey Replication", *Archives of General Psychiatry* 62, núm. 6, 2005, pp. 593-602.

[7] William Kanapaux, "The Patient as Parent: Family Matters", *Psychiatric Times* 19, núm. 10, 2002.

[8] W. R. Beardslee, *et al.*, "Children of Affectively III Parents: A Review of the Past 10 Years", *Journal of the American Academy of Child and Adolescent Psychiatry* 37, núm. 11, 1998 pp. 1134-1141.

[9] Bjørn Grinde, *Derwinian Happiness: Evolution as a Guide for Living and Understanding Human Behavior*, Darwin Press, Princeton, NJ 2002.

[10] Robert Wright, "Evolution of Despair", *Time*, 28 de agosto de 1995; también M. Brewer, "Taking the Social Origins of Human Nature Seriously", *Personality and Social Psychology Review* 8, núm. 2, 2004 pp. 107-113.

[11] Bjø Grinde, 2002.

[12] Matt Ridley, *Nature via Nurture: Genes, Experience and What Makes Us Human*, HarperCollins, Nueva York, 2003.

[13] Sarah Stewart-Brown y R. Shaw, "Relationships in the Home and Health in Later Life: The Roots of Social Capital", en *Social Capital for Health* Health Development Agency, Londres, 2004.

[14] M. J. Cox, *et al.*, "Marriage, Adult Adjustment, and Early Parenting", *Child Development* 60, núm. 5, 1989, pp. 1015-1024.

[15] Wyndol Furman y Anna Smalley Flanagan, "The Influence of Earlier Relationships on Marriage: An Attachment Perspective" en W. K. Halford and H. J. Markman, *Clinical Handbook of Marriage and Couples Intervention*, ed. Wiley, Chichester, Reino Unido 1996.

[16] Deborah Lott, "Brain Development, Attachment and Impact on Psychic Vulnerability", *Psychiatric Times* 15, num. 5, 1998, pp. 1-5.

[17] Vicky Flory, "A Novel Clinical Intervention for Severe Childhood Depression and Anxiety", *Clinical Child Psychology and Psychiatry* 9, núm. 1, 2004, pp. 9-23.

[18] Daniel J. Siegel, "Cognitive Neuroscience Encounters Psychotherapy: Lessons from Research on Attachment and the Development of Emotion, Memory and Narrative", *Psychiatric Times* 13, núm. 3, 1996.

[19] Froma Walsh, *Strengthening Family Resilience* Guilford Press, Nueva York, 1998, p. 45.

[20] Nancy M. Wells, "At Home with Nature: Effects of 'Greenness' on Children's Cognitive Functioning", *Environment and Behavior* 32, núm. 6, 2000, pp. 775-795.

2

EL CIRCUITO NEURAL
DE LA FELICIDAD

*

En un sentido muy literal, el cerebro de su niño está programado para futuro optimismo o depresión por sus interacciones con unos cuantos importantes adultos y hermanos mayores.

Un bebé empieza a ser neurobiológicamente programado en el útero, donde se mezclan la neuroquímica de la madre y del bebé, y el bienestar de ella afecta el carácter del recién nacido. Una vez venido al mundo, esta intensa conexión dura todo el proceso del apego.

EL DIÁLOGO DEL CARIÑO

Cuando el apego está seguro, una madre (o cuidado principal) es, en efecto, un cerebro auxiliar para el infante, que se desarrolla de acuerdo con las emociones y las respuestas de su madre en un diálogo que Allan Schore, neuropsicólogo y profesor de la Escuela de Medicina de la UCLA, llama "armonización entre cuidador e infante".[1] Schore describe el cerebro del infante como "designado para ser moldeado por el entorno que encuentra",[2] que es, en gran medida, la madre.

Por medio de esta vital conexión, el infante aprende la técnica de todas las actividades humanas, las más básicas e importantes, formando unas relaciones de apoyo: la importancia del contacto visual y táctil y la conexión entre el cuidado (alimento) y el amor. La madre aprende cómo armonizarse empáticamente con las necesidades del niño.

Una vez establecido el apego inicial, la madre empieza a "descargar programas de emoción en el hemisferio derecho del infante. El niño está empleando el hemisferio derecho de la madre como patrón para el cableado de los circuitos de su propio hemisferio derecho, que llegarán a mediar en sus capacidades afectivas en expansión: elemento esencial de su naciente personalidad".[3]

Esta mutua formación beneficia también a la madre, pues recibe un apoyo neuroquímico que literalmente puede animarla (por medio de endorfinas, que son parte del sistema opioide) y hacerla "adicta" a su bebé.

Habitualmente, la figura primordial del apego es la madre,[4] aun cuando un abuelo u otro integrante de la familia, una institutriz de tiempo completo o un padre adoptivo pueden desempeñar este papel durante el primer año de vida poco más o menos.[5] La figura del apego no tiene que ser femenina. Ciertos estudios han mostrado que los padres pueden aprender a ser no menos sensibles a los niños pequeños.[6] Y, sobre todo, el niño necesita un sentido de permanencia, una sensación de que las personas de su vida estarán allí para él.

Sea o no el padre la principal figura de apego al crecer el niño, el padre desempeñará un papel claro y decisivo en su desarrollo físico, cognitivo y social, y tenderá un puente hacia el mundo exterior, en su viaje a una saludable autonomía.

PROGRAMACIÓN DE LA NIÑEZ

Aunque el proceso de apego tal vez sea el factor inicial más poderoso en el desarrollo del niño, también influyen tres elementos adicionales: idealización, especialización y satisfacción funcional.

La idealización

El instinto del niño le dice que la seguridad procede de encontrarse en un grupo seguro. Instintivamente lo idealizará a usted y a los otros adultos importantes de su "tribu" (incluso sus hermanos mayores) y tratará de emularlos. Los niños aprenden de manera natural imitando a sus mayores.[7] Les causa placer hacer lo que usted hace o practicar juegos que, de alguna forma, se parecen a sus actividades. Siguiendo el ejemplo de los adultos, aprenderá lecciones tan vitales como la manera de relacionarse con otros y con las emociones y un nivel de autoestima apropiado y permisible.

Su niño también obtendrá lecciones si observa cuidadosamente las relaciones de usted con él, con su pareja, con otros adultos y con sus hermanos mayores. Si la conexión con los padres es íntima y amorosa, más adelante el niño se esforzará por establecer relaciones de cariño. Si los adultos importantes se enfrentan a sus angustias y frustraciones por medio de disputas, censuras, críticas, excesivo consumismo, drogas o apuestas, el niño idealizará y reproducirá esta conducta o entablará relaciones similares. En todos estos caso la familia, o "la banda", es el mecanismo y el contexto para aprender acerca de la vida y desarrollar optimismo y pesimismo. El niño tratará inconscientemente de recrear estas condiciones "idealizadas", ya sean buenas o no para él.

La especialización

El cerebro del niño también se "especializará" al enfrentarse a ciertas situaciones y al desarrollar mecanismos de respuesta. Estas estrategias o mecanismos se "cablean" en el cerebro por su uso constante, e influirán en la conducta durante toda la vida.

El niño recreará o buscará situaciones que se basen en estas habilidades especializadas…, aun si son totalmente disfuncionales. Ésta es, por ejemplo, una razón de que las mujeres de quienes se ha abusado se sientan atraídas a establecer relaciones abusivas.

Las necesidades

Otro factor vital en la programación del niño es si se satisfacen sus necesidades de relacionarse. Aunque los detalles de sus necesidades variarán (según la personalidad del niño, sus circunstancias y su edad), pueden dividirse en cuatro categorías básicas: seguridad física, seguridad emocional, atención e importancia. Para sentirse querido —y para la capacidad de desarrollar relaciones de pleno apoyo— el niño necesita que usted y otros adultos satisfagan sus necesidades esenciales, de maneras funcionales y apropiadas. Caso contrario, quizá se esfuerce por lograr la satisfacción de estas necesidades mediante estrategias de imitación disfuncionales, como control, manipulación y hasta enfermedad.

EDADES Y ETAPAS: DE CERO A SEIS AÑOS

Algunos padres compiten por ver cuál niño puede hablar o caminar antes, pero ésta no es una buena idea. Lo cierto es que todos los niños desarrollan estas habilidades en tiempos ligeramente distintos, y el ritmo al que lo hacen por lo común no tiene nada que ver con su inteligencia. El desarrollo de funciones motoras está intrincadamente vinculado con etapas de desarrollo y aprendizaje general, y apresurarlas puede impedir el progreso natural de otras habilidades. Apurar al niño a llegar "donde debe estar" es un factor estresante que puede desencadenar en él un sentido continuo de fracaso, pesimismo y hasta depresión.

No se puede enseñar a un niño a gatear o a andar; la capacidad necesaria para estas habilidades está "cableada" internamente y llegará a su debido tiempo. En cambio, lo que sí puede hacer es darle unas oportunidades (supervisadas) para que explore e interactúe en un entorno estimulante. Objetos naturales como piedras y troncos de árbol ofrecen excelentes desafíos que estimulan al niño a buscar soluciones, incluyendo apoyarse en ellas para levantarse.

Comprender las etapas de desarrollo del niño antes de los seis años es algo muy importante para crear un apego seguro y alentarlo a establecer buenas relaciones, dominio de sí mismo y una saludable independencia: claves todas ellas para llegar a un optimismo apropiado. La siguiente lista de etapas del desarrollo infantil nos ofrece una guía aproximada para ayudarle a generar empatía con su hijo y darle oportunidades de desarrollo apropiadas para su corta edad.

Del nacimiento a los tres meses

La principal tarea de su recién nacido es estar atento, enfocar sus sentidos y establecer un nexo con usted o con su cuidador principal. Durante estos primeros meses, lo mirará a los ojos (precursor del contacto visual como fundamento de las relaciones), se dejará absorber por su voz y expresiones, y tratará de imitarlo. Dice Schore: "El intenso interés del niño en su rostro, especialmente en los ojos –de su madre–, lo lleva a localizarla en el espacio, a entrar en periodos de intensa mirada mutua. A su vez, la mirada del infante evoca confiadamente la mirada de la madre, actuando así como poderoso canal interpersonal para la transmisión de influencias recíprocas".[8] Durante dos o tres meses, probablemente sonreirá y responderá a la alegría que sienta usted por su presencia: si usted es su madre o su principal cuidador, surgirá un amor mutuo.

En su clásico manual para los padres, *The Baby Book*, los doctores William y Martha Sears proponen técnicas específicas para reforzar este nexo, incluyendo el amamantamiento (que tiene el beneficio adicional de reducir la depresión postnatal),[9] llevar al niño en brazos (en un morral o cabestrillo, de preferencia de cara a usted para establecer contacto visual regular) y dormir en la misma cama que el bebé.[10] En esta etapa, no vacile en levantar al infante cuando llore. Su futura salud emocional depende del constante apoyo de usted, y de que él sepa que está usted allí. En realidad, no sabrá que existe si no puede verlo. El doctor Sears recomienda que se tenga cuidado con consejos como: "No lo levanten tanto, lo van a malcriar." Según Sears, un cuidado excesivamente rígido "ayudará al bebé a volverse más 'cómodo'. Se basa en la errónea suposición de que los bebés gritan para manipular, no para comunicarse".[11]

El llanto es el lenguaje de su bebé, y muy pronto la empatía que establezca con él le ayudará a distinguir entre sus gritos de dolor, de hambre y de temor, lo que le ayudará a ser un padre más confiado. El niño volverá la cabeza cuando oiga su voz y reaccionará a ruidos, movimientos y luz. Expóngalo a una vasta gama de estímulos, como juguetes blandos, música suave y aire libre, para que cobre conciencia de lo que lo rodea.

Estimulado por las respuestas de usted, el cerebro del bebé duplicará su tamaño en el primer año, formando constantemente nuevas celdas y estableciendo millones de nuevas conexiones entre sí al recabar información de su experiencia y aprender acerca de este extraño lugar al que ha llegado.

En la primera infancia, dado que el padre ve al bebé y lo trata como a una persona, no como a una extensión de la madre, esta relación ayuda al bebé a desarrollar un sentido de sí mismo y de los demás, que en los meses venideros lo prepara para vivir aparte de su madre.[12]

Tres a seis meses

A esta edad el bebé mirará con los ojos muy abiertos todo y a todos los que lo estén mirando. Tratará de dar sentido a su mundo sobre la base de sus experiencias anteriores, obviamente limitadas. Lo reconocerá a usted y sonreirá si le responde con una mueca chistosa. Empezará a mostrar interés en cosas fuera de sí mismo, con cierta preferencia por un juguete u objeto particular. Podrá divertirse durante breves ratos en su cuna, hamaca o asiento y comprenderá que puede hacer cosas por sí solo. Comenzará a distinguir las emociones de los demás y reaccionará al tono de voz de usted, alterándose ante una voz airada y mostrándose complacido con un tono alegre.

En el nivel cognitivo, su bebé comprenderá que usted existe aun cuando no pueda verlo (los psicólogos llaman a esto la "permanencia del objeto"). Podrá ayudarlo en esta comprensión jugando a *peek-a-boo*, juego que consiste en esconderse y aparecer luego, súbitamente, frente al niño. Él está empezando a comprender causas y efectos y, lo que es más importante, que puede influir sobre su mundo; por ejemplo, dejará caer juguetes y los buscará y hará ruido con cualquier cosa, buscando siempre su aprobación.

Los bebés de uno y otro sexo se muestran emocionados por todo juego activo y acelerado con papá, aunque los niños suelen estar más dispuestos que las niñas a los juegos de miedo, como hacer gestos de monstruos. En esos juegos, el infante empieza a aprender a dominar los sentimientos intensos y a cambiar de emociones, lo que le ayuda a desarrollar un sentido de competencia y de dominio.[13] La participación positiva del papá durante este periodo conduce, más adelante, a un apego más seguro.[14]

Ésta es también la época en que el niño empieza a mostrar angustia ante los desconocidos. Comenzará a percatarse de que las personas son distintas: antes, todas le habían dado lo mismo. De modo que quizá amedrente cuando lo levante alguien que no sea mamá, papá o sus cuidadores habituales, aun si a menudo lo hacen.

Asimismo, le gustará que le lean, incluso si no puede entender una palabra. Responderá a fotografías e imágenes de colores brillantes. Le encantará volver las páginas mientras usted le lee. Dado que la música y el lenguaje están íntimamente relacionados, le gustará el ritmo de las canciones de cuna.

De seis a nueve meses

Su bebé probablemente empezará a gatear, aumentará de peso más lentamente y parecerá más interesado en juguetear con los alimentos que en comérselos. Al refinar sus habilidades motoras, utilizando su pulgar (probablemente por primera vez), necesitará muchas cosas interesantes con las cuales jugar. No mostrándose ya pasivo, mostrará toda una gama de emociones complejas, como aburrimiento y enojo si usted le quita su juguete favorito. Cuando lo vea a usted, hará ruidos emocionado, y tratará de que lo levante.

Le gusta que papá lo levante[15] y goza con un juego que le parece aventurero, físicamente estimulante e impredecible, que lo conduce a un rápido desarrollo cognitivo. Su empleo de arranques más rápidos, *staccato* de comunicación verbal, también estimulará su cerebro para crecer y aprender y mejorar sus facultades pensantes.[16] En realidad, tal vez porque papá no está tan bien armonizado con las necesidades del infante como mamá, el bebé actuará más activamente para dar a conocer sus necesidades, aprendiendo valiosas lecciones de comunicación y relaciones.

En esta etapa, también se interesará activamente en otras personas y en el mundo que lo rodea, y acaso trate de imitar tonos e inflexiones de la voz. Hágale conocer nuevos lugares y personas, pero recuerde que también puede angustiarse y necesitará que usted lo tranquilice si unos desconocidos lo tocan o cargan. Al interactuar más con su medio, requerirá que usted le demuestre constantemente que su relación con él es perfecta. Devuélvale su sonrisa, tómele la mano extendida, participe en sus juegos.

De nueve a doce meses

Este es el comienzo de la etapa de exploración activa, y su pequeño estará en continuo movimiento. Es impulsado por la curiosidad y por el temor, que lo hace volver, gateando, a su madre. Déle un área segura y póngalo en ella. Nunca se alejará de usted más de unos 30 metros y preferirá mantenerse a la vista. Probablemente estará ajetreado practicando todos los complejos trabajos de ponerse en pie: no lo apresure, permítale caerse y cometer errores, y no le dé andaderas. Dele, en cambio, muchas cosas para apoyarse.

Empieza a surgir la autoestima. El niño tal vez estará fijado en su imagen, besando o acariciando su reflejo en el espejo. Necesitará mucho aliento positivo de usted: aplauda cuando haga algo nuevo y elógielo profusamente. Ahora desea que también usted participe en sus cosas, y no sólo que esté allí mirándolo.

Entonces cobra una importancia nueva el establecimiento de límites firmes y congruentes. El niño empezará a probar los límites, proceso que continuará mientras tenga dos y tres años, y a usted podrá parecerle irritante. Sin embargo, no sea demasiado estricto y deje para después las reglas más severas. Manténgase en armonía con sus preferencias y, excepto cuando estén en peligro su seguridad o las necesidades propias, dele por su lado. Se está volviendo más independiente, pero también más exigente. Es fundamental favorecer la independencia y la exploración, pero también asegurarse de que el niño sepa que uno está de su lado. En esta etapa, si bien su relación primaria es con mamá, preferirá a su papá sobre los desconocidos, aunque es improbable que se preocupe tanto cuando él está ausente como cuando mamá no está.[17]

También es posible que comprenda cada vez más palabras y las relacione con gestos y objetos. Ésta es la época de "adiós", "mamá", "papá", y (lo que resulta frustrante), "¡no!" Quizá se enfadará cada vez más cuando no se cumplen todos sus gustos, y pueden aparecer los primeros berrinches.

De doce a dieciocho meses

Ahora que el niño ya puede caminar, dará un poco más de trabajo. Cada vez probará más los límites y usted necesitará ser realmente firme y sin embargo cariñoso y congruente, haciéndole saber con calma lo que usted necesita. Hasta ahora tiene poca memoria de largo plazo, así que no vaya a castigarlo por algo que haga mal después de algunos minutos. Los berrinches serán más frecuentes. El niño empieza a comprender que hay cosas que no se le permiten, y pronto mostrará su disgusto si se ve contrariado. Ante todo, ahora necesitará congruencia: baños a la misma hora, la cama a la misma hora, alimentos a la misma hora. Déjelo que lo vea a usted cocinar o preparar el baño para reforzar esta rutina.

La capacidad mental del niño se estará desarrollando con gran rapidez. Conoce los nombres de muchos objetos y sabe para qué se usan. Usted puede ayudar a este proceso uniéndose a él; por ejemplo, señale los objetos y nómbrelos.

Entre los 14 y los 17 meses ocurre un profundo cambio en la dinámica madre-padre-hijo. Este periodo señala el comienzo de la primera etapa de separación de la madre. Niños y niñas cobran conciencia de que su padre es un varón, y a sus distintas maneras cada cual se esfuerza por establecer con él un cierto tipo de relación. Se intensifica la necesidad del niño varón por identificarse con su padre, y a menudo se volverá hacia papá y no hacia mamá en los momentos difíciles, en lo que el psiquiatra de niños James Herzog llama "reabasto emocional". También la niña, a esta edad, buscará a su padre, "intensificando sus esfuerzos por mostrarle cómo relacionarse con ella".[18] La llegada a la edad de caminar requerirá la aceptación consciente de parte de mamá y la disposición a compartir su hijo con el padre: tenga confianza en el valor de su participación, y domine sus celos naturales cuando el niño establezca un nexo con papá y con otros adultos importantes.

Dieciocho meses a dos años

Prepárese para los "terribles dos": su adorable querubín puede metamorfosearse pronto en un azote. Puede estar ya portándose mal, especialmente si tiene miedo o se altera o si se ha interrumpido su rutina. Se da cuenta de que con su conducta puede afectar el humor de usted, del cual es un juez sumamente sagaz. Necesitará un tiempo precioso con usted: por ejemplo, sentarse a su lado mientras está usted leyendo un libro. Éste no es el momento de quitarle el juguete o la manta favorita que lleva consigo por todas partes.

Ahora ya sabe reconocer las emociones y necesita ayuda para identificarlas y expresarlas. Aprender a aceptar y a mostrar los sentimientos es algo vital para la salud emocional, y suprimirlos llega a causar, a menudo, depresión. Háblele apropiadamente acerca de sus propias emociones ("Mamita está muy contenta") y hasta de las de sus juguetes ("Teddy está triste porque está lloviendo y no puede salir a jugar"). Como parte de su reconocimiento de sí mismo y de los demás, observará la percepción que papá tiene de mamá, a diferencia de su propia relación con ella. También empezará a comprender la idea de que algo está ocurriendo ahora y algo ocurrirá después.

Su sentido de autoestima y de individualización se manifiesta por medio de su nueva palabra favorita: "¡No!" Está aprendiendo que tiene dominio de sí mismo y de su ambiente, y que es una persona. Sin embargo, usted sigue siendo el ideal, por lo que lo seguirá por la casa, haciendo lo que usted haga. Anímelo a participar.

Dos años

Todo lo de arriba, pero más. Berrinches y control de esfínteres también caracterizan esta etapa (no lo apresure).

Su creciente autonomía dará por resultado el desafío (que se reducirá cuando vaya a preescolar y complete la primera etapa de separación). Controle su propio instinto de sobreprotección o sus intervenciones constantes, y permita el proceso gradual de separación de su hijo. El niño que camina protesta mucho por la ropa que se le pone, o por lo que juega o por lo que come; y las horas de irse a la cama y de bañarse pueden volverse para usted un verdadero martirio. Él quiere ser el jefe. Aunque reconoce a otras personas y juega de manera creadora e interactúa con niños de su edad, aún es demasiado temprano para establecer amistades. Ahora, usted y los encargados de cuidarlo tendrán que decidir los terrenos en que conviene que él haga las elecciones: por ejemplo, sobre la ropa que lleva, o lo que toma en el desayuno. En esta edad se desarrolla la capacidad de tomar decisiones bien informadas, y hay que estimularla. Ahora, el vocabulario del bebé probablemente pasa de cuatrocientas palabras, y ya es capaz de formar frases. Puede comprender lo que usted está diciendo pero fingir que no. Recuerde decirlo todo en términos sencillos y concretos.

Los tres

A esta edad el niño descubre a los amigos, y las reuniones para jugar se convertirán en parte importante de su rutina y su sociabilización. Gradualmente, tomará más en cuenta y será más sensible a los sentimientos de los demás... ¡hasta los de usted! Desarrollar empatía podría incluir esta pregunta: "¿Qué crees que siente tu amigo cuando le dices llorón?" O decirle: "Papito se pone feliz cuando le das un beso." Pueden aparecer amigos imaginarios, a los que a menudo se culpa por cosas que ha hecho el angelito, pero también lo reconfortan y lo ayudan a enfrentarse a la realidad. Dele rienda suelta a su imaginación; muestre interés en su "amigo".

Ésta es también la época de las palabras más irritantes del vocabulario del niño: "¿Por qué?" A menudo las preguntas intentan más que nada poner a prueba la relación con usted, y no son simple curiosidad. Puede estar tratando de dialogar consigo mismo y de entrar en el proceso de toma de decisiones. Ahora formará parte del cónclave familiar (véase el capítulo 7), y tendrá una visión más equilibrada del mundo observando los diferentes enfoques de cada uno de sus padres a la solución de problemas y tareas.

Cuatro

Conforme el proceso de separación comienza, su niño dudará entre querer ser independiente o volver a encontrarse en la seguridad de los brazos de usted. No apresure las clases preescolares ni le imponga fiestas con niños poco conocidos. Ya no es un bebé y reaccionará mal si se le dice que está actuando como si lo fuera. Prepárelo con tiempo para apartarlo de usted y analice sus temores. Utilice la empatía, y nunca le diga que sus sentimientos son erróneos.

El niño comenzará a comprender instrucciones más complicadas como "tapa esa caja" (lo que incluye tres conceptos: una tapa, una caja y una acción), y su vocabulario se extenderá a más de 1500 palabras (¡algunas de las cuales usted preferiría que no conociera!). Leerle libros se vuelve aún más importante. Háblele a la hora de los alimentos; no pase por alto su presencia ni se enoje cuando sea parlanchín. Encuentre tiempo para escucharlo realmente.

A las edades de cuatro y cinco años, niños y niñas pedirán mayor reconocimiento a su padre —que a menudo es el único modelo masculino a su alcance— como manera de definir más su masculinidad o femineidad. La niña podrá mostrarse resentida o celosa de su madre y hasta actuar con coquetería en la relación con papá. A ustedes dos les resultará difícil aceptar esta situación, pero sus respuestas apropiadas y su atención prepararán a su hijo para el tipo de relaciones románticas o sexuales que tendrá en la adolescencia y en su vida adulta. Ponga muy claros sus límites con niños y niñas, pues así es como obtendrán todos seguridad.

Cinco y seis

"¡Deseo elegir yo mis propios amigos!" Ésta es la edad de mayor socialización y de buscar amigos independientemente. También es la época de juegos de cada vez mayor cooperación, en que se asignan papeles y se toman decisiones en grupo. En gran medida, usted podrá apartarse y permitir que esto ocurra simplemente alentándolo si es tímido.

A los seis años el niño habrá dominado cerca de 2500 palabras y comprenderá frases realmente complicadas, aunque las generalizaciones y conceptos todavía podrán parecerle confusos.

Para entonces, su cerebro está formado en 80 por ciento, y su personalidad está más o menos fijada (aunque puede cambiar como respuesta a estímulos externos repetidos o traumáticos): pronto será un aprendiz de adulto, y ya está ávido por aprender las cosas de los adultos. Su creciente capacidad de enfrentarse a la separación le permite ir ahora a la escuela sin sufrir daño psicológico.

El papel de los padres consistirá en protegerlo de las influencias externas más dañinas y alentarlo para integrarse como miembro completo de su "tribu", haciéndolo participar cada vez más en el proceso de toma de decisiones. Asígnele tareas y labores sencillas para que siga sintiéndose un integrante importante del grupo. Deberá asegurarse de que sabe decir "no" a personas de fuera y de dentro de la familia y mantener los límites apropiados, lo que también hará usted, en gran parte, manteniendo sus propios límites en su relación con él. Su hijo aún está aprendiendo por el ejemplo.

Su niño seguirá aprendiendo cosas nuevas y creciendo en formas emocionantes. Sin embargo, como veremos, los puntos básicos de su personalidad y capacidad de resistencia y de optimismo están ya establecidos en gran parte.

NOTAS

[1] Allan N. Shore, citado por Deborah Lott en "Brain Development, Attachment and Impact on Psychic Vulnerability", *Psychiatric Times*, 15, 1998, p. 5.

[2] Allan N. Schore, "The Neurobiology of Attachment and Early Personality Organization", *Journal of Prenatal and Perinatal Psychology and Health*, 16, núm. 3, 2002, pp. 249-263.

[3] *Ibid.*

[4] Robert Karen, *Becoming Attached: First Relationships and How They Shape Our Capacity to Love*, Oxford University Press, Nueva York, 1998.

[5] P. Leach, "Infant Care From Infants' Viewpoint: The Views of Some Professionals", *Early Development and Parenting*, 6, núm. 2, 1998 pp. 47-58.

[6] Kyle D. Pruett, "Role of the Father," *Pediatrics*, 102, núm. 5, 1998 pp. 1253-1261.

[7] M. Iacoboni, et al., "Cortical Mechanisms of Human Imitation," *Science*, 286, núm. 5449, 1999 pp. 2526-2528.

[8] Allan Schore, 2002.

[9] Elizabeth Mezzacappa, "A Preliminary Analysis of the Association between Breast-Feeding and Depressive Symptomology", ensayo presentado en la reunión annual de la Sociedad Psicosomática Americana, 15 de marzo de 2002, Barcelona.

[10] W. Sears, *et al.*, *The Baby Book*, 2da. ed., Little Brown, Nueva York, 2003.

[11] *Ibid.*

[12] James Herzog, "Birth to Two", Sesame Street Parents, sesameworkshop.org/parents/advice/article.php?contentId=630&#1.

[13] *Ibid.*

[14] J. E. Cox y W. G. Bithoney, "Fathers of Children Born to Adolescent Mothers: Predictors of Contact with Their Children at 2 Years", *Archives of Pediatric Adolescent Medicine*, 149, núm. 9, 1995 pp. 962-966.

[15] J. Belsky, "Mother-Father-Infant Interaction: A Naturalistic Observational Study," *Developmental Psychology*, 15, 1979 pp. 601-607.

[16] J. K. Nugent, "Cultural and Psychological Influences on the Father's Role in Infant Development", *Journal of Marriage and the Family*, 53, núm. 2, 1991 pp. 475-485.

[17] L. J. Cohen y J. J. Campos, "Father, Mother, and Stranger as Elicitors of Attachment Behaviors in Infancy", *Developmental Psychology*, 10, núm. 1, 1974 pp. 146-154.

[18] James Herzog.

3

LAS VERDADERAS CAUSAS DE LA DEPRESIÓN INFANTIL (Y ULTERIOR)

*

Hasta hace poco no había estudios sobre la depresión en los niños: en realidad, todavía a comienzos de los años noventa la mayoría de los profesionales de la salud suponía que los niños que apenas caminan no sufrían de depresión, porque sus síntomas no eran tan evidentes como los de los niños mayores y los de los adultos.

Sin embargo, la depresión en los niños pequeños es hoy una ajetreada área de investigación académica... y de controversia. En realidad, la definición misma de depresión a cualquier edad está causando un acalorado debate conforme más y más afecciones se registran en su ámbito, incluso angustia crónica, toda una vasta gama de síntomas físicos[1] y quizás hasta la angustia causada por el trastorno de Estrés Postraumático (TEPT).[2] Los investigadores calculan que 80 por ciento de todas las personas que consultan a médicos sufren de una depresión "somatizada": síntomas físicos que no tienen una base fisiológica.[3]

En medio de la actual epidemia de depresión, no es de sorprender que aunque no sea nuestra culpa, nuestros niños están siendo afectados por trastornos de la conducta.

LA DEPRESIÓN EN EL ÚTERO

Según la experta en psiquiatría reproductiva, la doctora canadiense Shaila Misri, y otros, la depresión puede empezar en el útero.[4] Las hormonas del estrés pasan de la madre al feto, haciendo que el niño nazca deprimido, angustiado o con propensión a serlo. Cuando crece una niña, también puede trasmitir las hormonas del estrés a la siguiente generación, creando trastornos de conducta, angustia y depresión en sus hijos.[5] Sin embargo, ciertos estudios muestran que si la madre de un niño deprimido se cura de la depresión, probablemente se curará también el hijo.[6]

Si usted está libre de toda tensión considerable, feliz de estar embarazada y rodeada de personas que le expresan su cariño y su emoción por el próximo acontecimiento, enviará mensajes neuroquímicos positivos y saludables al feto.

Las dificultades de la madre con alcohol y drogas pueden hacer que sus bebés caigan en la adicción, al nacer o más adelante en su vida.[7] Si una madre está consumiendo ISRS (poderosos antidepresivos conocidos como inhibidores selectivos de recaptación de serotonina) para controlar su estado de ánimo, es posible que su hijo, al nacer, sufra síntomas de retraimiento y otros efectos.[8]

Una vez más, se trata del entorno. El entorno de un feto es el útero, y será afectado por el estrés y la conducta de su madre, el consumo de drogas, el estado de sus relaciones, la satisfacción en el trabajo, la salud y el estado de ánimo. Como hemos visto, estos factores afectan y moldean al niño mucho después de nacer. Sin embargo, nuestro programa de siete pasos puede ayudarle a usted a tener un niño feliz y libre de depresiones.

¿ESTÁ DEPRIMIDO SU HIJO?

Detectar la depresión en un niño puede no ser fácil, incluso para su pediatra. Según un estudio que apareció en el *Journal of Pe-*

diatric Health Care, 83 por ciento de los pediatras no descubren la enfermedad.[9] Cada niño es diferente, y los niños reaccionan de distinta manera en las diversas edades... ¡y hasta en diferentes días! La depresión de su niño puede mostrarse como tristeza y pasividad o como irritabilidad y desafío... o hasta en un constante dolor de estómago o de cabeza para la que el médico no tiene explicación.

La depresión también puede mostrarse como insomnio y angustia o conductas regresivas como "mojar la cama" a la edad de seis años. Más de 70 por ciento de los niños a quien se diagnosticó TDAH también estaban deprimidos o angustiados,[10] y algunos expertos (nosotros entre ellos) creen que muchas conductas clasificadas como TDAH son la manera en que la depresión se muestra en los niños varones. Ciertamente, con frecuencia ambos padecimientos son mal diagnosticados.[11] Detectar los síntomas de la depresión temprana puede ser difícil, pero es vital para el bienestar de su niño, no sólo ahora sino también después. Los expertos convienen en que la depresión temprana es poderoso indicativo de una depresión ulterior y que cuanto antes se detecte esta enfermedad más fácil será superarla.

La siguiente lista de posibles síntomas de depresión puede ser útil para descubrir la depresión infantil o factores de riesgo para problemas posteriores. Siempre consulte a su pediatra para asegurarse de que su niño no padezca una enfermedad física, ya que a menudo es causa de síntomas depresivos temporales. Tenga en cuenta que no todos los síntomas corresponden a todas las edades y que esta lista se refiere sobre todo para los tres años y más.

Los rasgos principales de la depresión en niños muy pequeños aparecen de una manera similar a la de los adultos. Por ejemplo, los niños tienen cambios de humor más fluctuantes que los adultos en el curso de un día determinado,[12] y no es posible discernir culpa o desesperanza en infantes o dificultad para tomar decisiones en los primeros años.

Señales de depresión en niños pequeños

Sentimientos: ¿Expresa o muestra...?

- Menos gusto que antes en actividades y juegos, o ningún gusto (anhedonia).
- Tristeza.
- Baja energía y/o cambios recientes del nivel de energía.
- Sensación de inutilidad o baja autoestima.
- Desesperanza.
- Culpabilidad.

Pensamiento: ¿Está teniendo dificultad para...?

- Concentrarse.
- Tomar decisiones.

Problemas físicos: ¿Se queja de...?

- Dolores de estómago.
- Dolores de cabeza.
- Falta de energía.
- Dificultades para dormir.
- Cambios de peso o de apetito.

Problemas de conducta: ¿Muestra ...?

- Llanto excesivo.
- Inquietud.
- Mal humor e irritabilidad.
- El deseo de estar solo casi todo el tiempo.
- Juega con temas sobre muerte o suicidio.
- Dificultad para hacer amigos o llevarse bien con otros.

CAUSAS DE LA DEPRESIÓN

Aunque la constitución genética de un niño desempeña un papel importante en la determinación del grado de depresión y de resistencia,[13] casi todos los expertos convienen en que una tensión severa y el trauma infantil se encuentran en la raíz misma de la depresión, tanto de niños como de adultos.[14]

Recientemente, un grupo de científicos descubrió un gen que, según piensan, subyace en gran parte de la depresión: una variante del gen transportador de serotonina 5-HTT. Pero es probable que el solo gen no cause depresión, sino que determine la tendencia de algunos niños a la depresión frente a ciertos niveles de tensión.[15]

Casi todos los investigadores están de acuerdo en que si su niño experimenta suficientes dificultades o hechos traumáticos, tendrá depresión con o sin la variante genética. Un gen como éste es como un interruptor que puede encenderse o apagarse, por obra de factores ambientales.[16] La labor de los padres consistirá en asegurarse de que no se encienda fácilmente.

Así, ¿qué tipo de acontecimientos producen tensión nociva o traumas en un niño y encienden el interruptor de la depresión, ahora o para después? No hay un cálculo preciso sobre cuanta tensión o qué trauma particular causará depresión. Por lo general buscamos una serie de acontecimientos, y no sólo hechos aislados. Algunos acontecimientos estresantes tienen pocos efectos duraderos si son breves y se les hace frente pronto y de manera apropiada. Todos los niños son distintos, y hasta los niños de una misma familia reaccionan de maneras distintas a un mismo estresante. Ningún niño es igual en la misma familia, ya que cada hermano llega a la familia en un momento distinto, a menudo cuando ya hay otros hermanos. Según Peter W. Nathanielsz, autor de *Life in the Womb: The Origin of Health and Disease*, hasta los gemelos experimentan un condicionamiento diferente *in utero*.[17]

DISPARADORES DE LA DEPRESIÓN EN NIÑOS PEQUEÑOS

Por desgracia, nuestra cultura ha socavado y presionado tanto a la familia moderna —suprimiendo sus apoyos tradicionales— que abundan las tensiones y los traumas. Entre los estresantes importantes que pueden afectar a los niños se encuentran:

- Depresión de los padres.
- Temprana separación maternal, rechazo, ambivalencia.
- Inseguridad del cariño.
- Divorcio o conflicto familiar, incluyendo violencia o amenazas de violencia.
- Una muerte o enfermedad en la familia.
- Muy poco tiempo con los cuidadores principales.
- Amenaza de abandono.
- Abuso físico, incluso castigos físicos o su amenaza y trato rudo de los hermanos.
- Críticas persistentes.
- Falta de elogio y aliento apropiados.
- Inhibición para expresar sus sentimientos.
- Falta de límites claros o continuos.
- Adicciones de los padres.
- Ostracismo, provocación o amenaza por parte de miembros de la familia o compañeros de juego.
- Falta de oportunidades de contacto con la naturaleza.
- Ser obligado a mantenerse sentado durante largos ratos.
- Tener que hacer de padre de sus padres o hermanos menores.
- Reubicación constante.
- Vecindario violento.
- Demasiada televisión o medios informativos inapropiados.
- Insatisfacción de las necesidades de seguridad física y emocional, atención o importancia.

Hasta un comportamiento en apariencia inocuo en las familias, puede ser dañino y conducir a la depresión. Un informe seminal, de la American Academy of Pediatrics (AAP), del año 2002 define el trauma como "una pauta repetida de interacciones dañinas entre padres (o, suponemos, otros hermanos y adultos importantes) y el niño porque se vuelve típico de la relación". Esto incluye cualquier cosa que haga que el niño se sienta despreciable, indigno de amor o inseguro (y hasta en peligro) o como si su único valor se encontrara en satisfacer las necesidades de algún otro. Algunos ejemplos citados en el informe incluyen "menospreciar, degradar o ridiculizar a un niño, o hacerlo sentirse inseguro. No expresarle cariño, cuidado y amor; descuidar sus necesidades de salud mental, médicas o educativas".[18] Según la AAP, el trauma infantil también puede incluir el presenciar violencia doméstica, comunitaria y televisada. Dos investigadores, Robert Marvin y John Byng-Hall, indican que las interacciones negativas entre familiares, como secretos, conflictos internos y falta de cohesión de los padres como autoridades de la familia afectan igualmente la capacidad del niño para formar nexos saludables y, así, su continuado bienestar emocional.[19]

TRES GRADOS DE SEPARACIÓN

Una de las principales defensas contra la depresión durante toda la vida es la seguridad del nexo con el cuidador principal. Ningún niño cazador-recolector se habría separado nunca de su banda; las mujeres llevaban a sus bebés por donde ellas fueran. Hoy, las presiones económicas y profesionales, y la elección del estilo de vida hacen de la separación temprana entre madre e hijo una realidad común.

"La mayoría cree que no causa ningún daño apartarse y dejar a un niño muy pequeño, porque creen que el bebé no nota la diferencia. Esto no es verdad", dice una eminente autoridad en materia infantil, el doctor Lee Salk, en su libro trascendental de 1973 *What Every Child Would Like His Parents to Know*. "En realidad, lo cierto es lo opuesto. El niño muy pequeño lo nota, vívidamente. Como tiene muy poco concepto del 'ahora' y el 'después' el bebé no comprende que si usted se va, luego habrá de regresar. Si no puede verlo, ya no esta usted allí. De hecho, usted ya no existe."[20]

Aunque hasta una breve separación puede causar angustia temporal al infante, ésta pasará y no significa que no pueda tomarse un respiro. De hecho, tomar cierto tiempo para usted, para una ducha, un paseo o una breve reunión es vital para su propio bienestar, y, por tanto, para el de su hijo.

Los padres de hoy están mucho más conscientes —pero muchos aún no con claridad— acerca de cómo la separación maternal puede afectar el bienestar y desarrollo del infante. John Bowlby, el padre de la teoría del cariño, escribió que existen tres distintas etapas de la angustia por separación: protesta o ira, desesperación y desapego.[21] Estudios más recientes confirman sus hallazgos.[22]

La protesta se muestra en la negativa del niño a aceptar un sustituto de la madre o cuidador principal, en lágrimas y gritos violentos, y en constante vigilancia de su regreso.

Cuando sus padres se fueron a pasar una semana de vacaciones, el pequeño Benjamin, de 18 meses, fue encargado a su tía y su tío, a quienes no conocía bien. A la segunda noche, no podía dormir, y durante el día su humor fue, según su tío, "caprichoso y empecinado".

La desesperación, segunda fase de la angustia por separación, se caracteriza por gemidos, llantos y expresiones faciales de tristeza. El niño está obviamente deprimido. Conforme avanzaba la estadía de Benjamin con sus parientes, fue poniéndose cada vez más angustiado y deprimido. Jugó cada vez menos, sonrió menos, y pasó largos ratos de pie, solo, aunque su tío intentara hacerle participar en ciertas actividades que sus padres le habían dicho que le gustaban. Después de una semana, Benjamin volvió con sus padres, pero mantuvo un comportamiento caprichoso y regresivo durante varios meses.

Según Bowlby, el desapego, la tercera fase, comienza a los siete días después de una separación. Cuanto más prolongada la separación, más durará esta fase, y más daño causará. El niño parece dejar de buscar a su madre, se muestra apático y hasta podrá cerrarse a todas las emociones. Esta conducta oculta su cólera y puede ser una defensa —que puede durar horas, días o toda una vida— contra la angustia de amar siempre y perder siempre, una y otra vez. La ausencia hace que el corazón se congele, no que se funda.[23]

Distintos niños no sólo reaccionan a la separación de maneras diversas, sino también de un día a otro. Cloé, de tres años y medio, acababa de pasar sólo un par de horas en una guardería antes de llegar a la casa de una amiguita, a jugar. Su madre, suponiendo que Cloé estaría bien sin ella durante una hora o dos más, había hecho planes para ir de compras. Sin embargo, después de una hora en casa de su amiguita, Cloé empezó a preguntar repetidas veces por su madre, y rechazó los consuelos que le daban los adultos. Mostró su sentido de pérdida con una conducta disruptiva, como arrojar juguetes contra su compañera de juegos. Al regresar, la madre de Cloé se sintió no menos afligida... y sorprendida. Se había apartado de Cloé durante un tiempo similar, en varias ocasiones anteriores.

Decidir si un niño pequeño puede pasar un rato lejos de su cuidador principal es algo que requiere sensibilidad a las necesidades del niño así como visión y flexibilidad: en una palabra, empatía. En esos casos, es útil preparar gradualmente al niño para la separación. Sin embargo, no es verdad, como lo sugieren ciertos libros de autoayuda, que la preparación permita separar al niño sin cierto grado de trauma (esto es un consejo a las madres que trabajan).

El padre ausente, o que trabaja hasta entrada la noche, también causa problemas considerables.[24] El niño no comprende las razones lógicas, como el deseo de sus padres de trabajar arduamente para asegurar su educación. Sencillamente se siente rechazado, e indigno del amor de sus padres. Esto no sólo causa culpa (terreno fértil para la depresión), sino que lo prepara para buscar a personas que representen estos ideales, siendo física o emocionalmente inalcanzables.

Para un niño cazador-recolector, el abandono en un ambiente hostil significaba la muerte. Este temor innato al rechazo y al abandono se encuentra, frecuentemente, en el meollo de la depresión a cualquier edad.

EL TRAUMA Y EL CEREBRO DEL NIÑO

¿Cómo favorecen el estrés y el trauma infantil agudo la depresión crónica, la ansiedad y el trastorno de estrés postraumático, (forma extrema de la angustia)? Como hemos visto, la separación temprana puede causar la muerte de algunas células cerebrales, pero ese no es el único mecanismo. En realidad el estrés y el trauma inhiben el desarrollo apropiado de áreas vitales del cerebro.

La amígdala es una parte del sistema límbico y su labor consiste en enviar poderosas advertencias emocionales a la corteza central (el centro de mando y control del cerebro) y al sistema nervioso central, asegurando así una respuesta desde antes de que un peligro haya sido advertido conscientemente. En un proceso al que Daniel Goleman, autor de *Emotional Intelligence*, llama un "secuestro de las amígdalas", la amígdala del niño traumatizado o deprimido se vuelve hiperactiva, abrumando al cerebro con mensajes continuos de alarma.[25]

Bajo un estrés prolongado, la corteza central se vuelve más lenta y deja de apagar estas señales de alarma, aun cuando el peligro ha pasado, lo que conduce a un prolongado periodo de angustia, depresión o TEPT.

Para empeorar las cosas, en el cerebro estresado y traumatizado, el hipocampo, otra parte del sistema límbico, se vuelve demasiado pequeño. No tiene suficientes células —neuronas— para desempeñar debidamente su labor de ayudar a la persona a recordar cómo resolvió anteriores situaciones estresantes o deprimentes.

POR QUÉ LOS ANTIDEPRESIVOS NO SON LA SOLUCIÓN

Tal vez debido a que los niños pequeños son demasiado jóvenes para beneficiarse de los habituales enfoques psicoterapéuticos de la depresión, como la terapia interpersonal y la terapia conductual cognitiva, o acaso por los grandes esfuerzos de publicidad de las empresas farmacéuticas, los pediatras prescriben, cada vez más, medicamentos como Prozac, Paxil (Aropax) y Zoloft para niños en edad preescolar.

Sin embargo, de acuerdo con una revisión clínica de las pruebas, publicada en 2004 en el prestigiado *British Medical Journal* (BMJ), no existe *ninguna prueba científica* de que los inhibidores selectivos funcionen para niños de este rango de edad (en realidad, para nadie menor de 18 años).[26] Lo que es más: pueden causar un gran daño, y en su mayor parte han sido prohibidos para niños en Gran Bretaña.

Un estudio de la Administración de Medicinas y Alimentos de Estados Unidos llegó a conclusiones similares a las del BMJ. "Estos descubrimientos son una advertencia y ciertamente ponen en duda los beneficios de estos medicamentos en la depresión pediátrica", escribió el doctor Thomas Laughren, de la FDA, en un memorándum de enero de 2004.[27] La FDA también ha insistido en que las etiquetas de los antidepresivos lleven la advertencia de que pueden conducir al suicidio infantil. Y sin embargo, pese a estas advertencias, se siguen dando grandes cantidades de antidepresivos a este grupo de edad.

Glen McIntosh, de Austin, Texas, cuya hija Cairlin, de 12 años, se ahorcó con las agujetas de sus zapatos después de haber empezado a tomar Paxil, que luego le fue cambiado a Zoloft, dijo al *Washington Post*: "Nos dijeron que el Paxil y el Prozac, eran medicamentos mágicos. Nos engañaron."[28]

A los padres les ha enfurecido en particular que ciertos datos sobre el vínculo entre los antidepresivos y el suicidio habían aparecido en revistas profesionales 16 años antes de que la FDA emprendiera alguna acción.[29]

Aunque las compañías farmacéuticas insisten en que los antidepresivos no causan adicción, la investigación ha demostrado que el cerebro se habitúa a ellos y que su supresión puede causar síntomas severos incluso en adultos... muy similares a los producidos por la abstinencia de cocaína *crack*.[30]

Algunos científicos también han descubierto nuevos riegos concernientes a los antidepresivos en adultos, que lo mismo pueden aplicarse a los niños. En un estudio efectuado en 2003, dirigido por el profesor de inmunología John Gordon, de la Universidad de Birmingham, los inhibidores selectivos fueron relacionados con tumores del cerebro.[31] En un estudio de 2004, el doctor Welmoed Meijer, del Instituto Holandés de Utrecht para las Ciencias Farmacéuticas, y sus colegas, encontraron "una relación significativa entre el grado de inhibición de la serotonina por antidepresivos y el riesgo de hospitalización por hemorragia anormal".[32]

Aunque los antidepresivos probablemente no sean una solución eficaz a la depresión infantil, por favor no olviden que ustedes no son impotentes contra esta enfermedad, ni ahora ni después. En los siete capítulos siguientes explicamos el núcleo de nuestro programa general para asegurar el bienestar del niño, en la actualidad y en el futuro.

NOTAS

[1] Steven Dubovsky, *Mind-Body Deceptions: The Psychomatics of Everyday Life*, Norton & Co., Nueva York, 1997.
[2] Ronald C. Kessler, *et al.*, "Posttraumatic Stress Disorder in the National Comorbidity Survey", *Archives of General Psychiatry*, 52, núm. 12, 1995, pp. 1048-1060.

[3] J. I. Escobar, et al., "Somatization in the Community," *Archives of General Psychiatry*, 44, núm. 8, 1987, pp. 713-718.

[4] Shaila Misri, *et al.*, "Relation Between Prenatal Maternal Mood and Anxiety and Neonatal Health", *Canadian journal of Psychíatry*, 49, núm. 10, 2004, pp. 684-689; Peter W. Nathanielsz, *Life in the Womb: The Origin of Health and Disease*, Promethean Press, Ithaca, Nueva York, 1999.

[5] Peter Nathanielsz, 1999.

[6] T. Field, "Maternal Depression Effects on Infants and Early Interventions", *Preventive Medicine*, 27, núm. 2, 1998, pp. 200-203; M. Beeghly, *et al.*, "Specificity of Preventative Pediatric Intervention Effects in Early Infancy", *Journal of Developmental and Behavioral Pediatrics*, 16, núm. 3, 1995, pp. 158-166.

[7] K. A. Espy, *et al.*, "Neuropsychological Function in Toddlers Exposed to Cocaine in Utero: A Preliminary Study", *Developmental Neurophysiology*, 15, 1999, pp. 447-460.

[8] Shaila Misri, 2004.

[9] E. Hawkins-Walsh, "Turning Primary Care Providers' Attention to Child Behavior: A Review of the Literature", *Journal of Pediatric Health Care*, 15, núm. 3, 2001 pp. 115-122.

[10] Biederman, J., *et al.*, "Psychiatric Comorbidity Among Referred Juveniles with Major Depression: Fact or Artifact?" *Journal of the American Academy of Child Adolescent Psychiatry*, 34, núm. 5, 1995 pp. 579-590.

[11] D. G. Nemeth, C. C. Creveling, *et al.*, "Misdiagnosis of ADHD When Alternative Diagnoses Is Warranted", ensayo presentado en la reunión de Bélgica de la International Neuropsychological Society, 12-15 de julio de 2000, Bruselas.

[12] J. L. Luby, *et al.*, "The Clinical Picture of Depression in Preschool Children", *Journal of the American Academy of Child and Adolescent Psychiatry*, 42, núm. 3, 2003 pp. 340-348.

[13] J. Najman, *et al.*, "Predictors of Depression in Very Young

Children: A Prospective Study", *Social Psychiatry and Psychiatric Epidemiology*, 40, núm. 5, 2005 pp. 367-374.

[14] Deborah Lon, "Childhood Trauma, CRF Hypersecretion and Depression", *Psychiatric Times*, 16, núm. 10, 1999; Danya Glaser, "Child Abuse and Neglect and the Brain: A Review", *Journal of Child Psychology and Psychiatry*, 41, núm. 1, 2000 pp. 97-116.

[15] T. Moffin, *et al.*, "Influence of Life Stress on Depression: Moderation by a Polymorphism in the 5-HTT Gene", *Science*, 301, núm. 5631, 2003 pp. 386-389.

[16] J. Kaufman, *et al.*, "Social Supports Lessen Effects of Maltreatment on Children Vulnerable to Depression", *Proceedings of the National Academy of Science*, noviembre de 2004.

[17] Peter Nathanielsz, 1999.

[18] Steven W Kairys, *et al.*, "The Psychological Maltreatment of Children Technical Report", *Pediatrics*, 109, núm. 4, 2002, p. e68.

[19] R. S. Marvin and R. B. Stewart, "A Family System Framework for the Study of Attachment", en *Attachment Beyond the Preschool Years*, ed. M. Greenberg, *et al.* University of Chicago Press, Chicago, 1991; J. Byng-Hall, "Family and Couple Therapy: Toward Greater Security", en *Handbook of Attachment: Theory, Research, and Clinical Applications*, ed. J. Cassidy y P. R. Shaver Guilford Press, Nueva York, 1999.

[20] Lee Salk, *What Every Child Would Like His Parents to Know*, Warner Books, Nueva York, 1973, pp. 30-31; también Judith Viorst, *Necessary Losses: The Loves, Illusions, Dependencies, and 1mpossible Expectations That All of Us Have to Give Up in Order to Grow*, Fawcett, Nueva York, 1986; y John Bowlby, "Grief and Mourning in Infancy and Early Childhood", ensayo presentado en *Psychoanalytic Study of the Child*, 1960, citado en *Personality: Dynamics, Deve-*

lopment, and Assessment, I. Janis, *et al.* Harcourt, Brace & World, Nueva York, 1969.

[21] John Bowlby, 1960.

[22] Véase Robert Karen, *Becoming Attached: First Relationships and How They Shape Our Capacity to Love,* Oxford University Press, Nueva York, 1998.

[23] *Ibid.*

[24] L. A. Stroufe, et al., *Child Development: Its Nature and Course,* 2a. ed., McGraw-Hill, Nueva York, 1992.

[25] Daniel Goleman, *Emotional Intelligence: Why It Can Matter More Than IQ,* Bloomsbury, Londres, 1996.

[26] J. Jureidini, *et al.,* "Efficacy and Safety of Antidepressants for Children and Adolescents", *British Medical Journal,* 328, 2004, pp. 879-883.

[27] C. Adams y A. Young, "Giving Antidepressants to Children May Not Work, FDA Says", *Knight Ridder Newspapers,* 15 de febrero de 2004.

[28] S. Vedantam, "FDA Links Antidepressants, Youth Suicide Risk", *Washington Post,* 23 de febrero de 2004, p. A01.

[29] N. Damluji y J. Ferguson, "Paradoxical Worsening of Depressive Symptomatology Caused by Antidepressants", *Journal of Clinical Psychopharmacology,* 8, núm. 5, 1988 pp. 347-349.

[30] Robert Lefever, "Addiction to Antidepressants", Promis, 2001, promis.co.uk/?view=otherl antidepressants.

[31] J. Gordon, *et al.,* "Selective Serotonin Reuptake Inhibitors Directly Signal for Apoptosis in Biopsylike Burkitt Lymphoma Cells", *Blood,* 101, núm. 8, 2003 pp. 3212-3219.

[32] W. Meijer, *et al.,* "Association of Risk of Abnormal Bleeding with Degree of Serotonin Reuptake Inhibition by Antidepressants", *Archives of Internal Medicine,* 164, núm. 21, 2004 pp. 2367-2370.

SEGUNDA PARTE

SIETE PASOS PARA ALEJAR, PARA SIEMPRE, A SUS HIJOS DE LA DEPRESIÓN

4

PASO 1:
NO PERMITA QUE SU
SABOTEADOR INTERNO AFECTE
A SU FAMILIA

*

"¿Por qué no puedes dejarme en paz *dos minutos*? ¡Estás muy consentida!", regañó Samantha a la pequeña Christie, de cuatro años, que había entrado corriendo al estudio de su madre para mostrarle un dibujo, por cuarta vez en 10 minutos, mientras Samantha estaba haciendo su tercer intento por equilibrar la cuenta bancaria familiar. Al ver el rostro compungido de Christie, y sus labios temblorosos, Samantha se cubrió el rostro con las manos.

"Pensé: '¿Cómo pude *decir* semejante cosa?' Christie simplemente era una niña pequeña que buscaba a su mami", dijo después en una sesión a Alicia. "Y entonces me dije, Dios mío, eso es exactamente lo que mi madre me decía, ¡y exactamente en ese mismo tono de voz! Yo juré que nunca sería como ella, y ¡a veces es como si su voz saliera de mi boca!"

Casi todos los padres que conocemos han tenido experiencias similares. "Una de las pruebas no escritas de la paternidad es que saca a luz elementos de nuestra psicología que parecen dominarnos, pese a nuestras mejores intenciones, obligándonos a comportarnos con nuestros hijos en formas que repiten las que experimentamos con nuestros padres", escribe el psicólogo y escritor Robert Karen.[1]

Estas creencias y conductas contraproducentes forman parte del sistema de autoreforzamiento al que llamamos el "saboteador interno". Como dicen acerca del alcohol en Alcohólicos Anónimos (AA), el saboteador interno es "astuto, taimado y poderoso". A veces hasta parece tener una voluntad propia: así de intensa es la compulsión que hay en nosotros, por recrear el pasado.

Cambiar unas pautas de crianza negativas es algo que exige valor, visión, determinación y persistencia... ¡pero puede lograrlo! Superar al saboteador interno es vital para el bienestar de su hijo durante toda su vida y, en algunos casos, para liberarlo de toda depresión. Recuerde que sus problemáticas pautas conductuales *no son culpa suya*. Como ya se explicó en el capítulo 2, el niño que usted fue no podía dominar la manera en que su ambiente moldeaba su cerebro ni los patrones recurrentes que de allí resultaron.

Para asegurarse de que las cargas de su pasado no caigan sobre los hombros de su hijo, deberá estar consciente de sus propias pautas negativas, de sus orígenes y de los tres modos en que su propio saboteador interno aparece, día tras día, en su casa.

Tres modos en que el saboteador interno puede afectar a su hijo

1. **Idealización:** Usted aplica, sin darse cuenta, los estilos de crianza disfuncionales, sus creencias y conductas —utilizando, tal vez, hasta las mismas palabras— de sus padres o de otros adultos importantes desde su niñez.

2. **Transferencia**: Usted reacciona con otras personas —incluso con su hijo— como si fueran figuras importantes de su propio pasado.

3. **Mecanismos para hacer frente a las adversidades:** Para utilizar los mecanismos desarrollados en la niñez y adoptar fun-

ciones familiares, usted recrea inconscientemente en su familia actual las circunstancias de su familia de origen.

QUÉ ES LA IDEALIZACIÓN

Usted esta genéticamente "cableado" para idealizar y adoptar los estilos de crianza, creencias y conductas —hasta el lenguaje— de las personas que se ocuparon de usted. Si sus padres creían que "a los niños hay que verlos y no oírlos", probablemente se le dificulte alentar a sus niños a hablar durante la sobremesa, en especial si, como la mayoría de los chicos sanos, son ruidosos y compiten por su atención. Si sus padres eran más tolerantes, podrá vacilar al establecer límites firmes y congruentes.

Muchos aspectos de su programa de crianza actual pueden ser de suma utilidad, en particular si sus padres fueron empáticos, hábiles y relativamente felices. Y tal vez se ha esforzado por no repetir algunas de las cosas que hacían sus padres que le causaron un dolor. Sin embargo, el saboteador interno podrá engañarlo, haciendo que reproduzca algunas de sus respuestas menos positivas.

Cuando su queridísima hija entró buscando su atención, Samantha en un momento de estrés vio a Christie como su propia madre la había descrito siendo niña, como una "consentida". La crítica salió de la boca de Samantha antes de que su conciencia pudiera reconocer lo que estaba pasando, y se contuviera. Marcador: saboteador interno, uno; Samantha, cero. Sin embargo, Samantha pronto comprendió lo que había ocurrido y consoló a Christie, y luego comentó el problema y analizó con una persona apropiada, Alicia, las estrategias para impedir que volviera a ocurrir. Marcador: tres para Samantha.

Tómese un momento para recordar, y tal vez para escribir, las siguientes maneras en que su propio pasado puede influir sobre su familia:

- ¿Cuáles son algunas cosas positivas acerca del estilo de crianza de sus padres?
- ¿Cuáles son algunas de las cosas negativas?
- ¿Cuáles de éstas forman parte de su propio estilo de crianza?

EVITAR LA TRANSFERENCIA

La *transferencia* es un conocido término psicológico que se refiere a la inevitable proyección de las figuras de la niñez del paciente, en el terapeuta. Pero la transferencia no se limita al consultorio del terapeuta. Usted puede proyectar características de personas de su pasado en cualquier persona, incluso en su hijo.

La proyección ocurre porque el cerebro no tiene una capacidad generalizada de establecer relaciones sino que se forma, tempranamente, de acuerdo con unos pocos patrones específicos, en que más adelante trata de hacer que embonen todas sus relaciones. Un niño criado en una muy unida tribu de cazadores-recolectores podría formarse hasta 40 de esos patrones, mientras que un niño criado en una familia nuclear de dos padres, o de sólo uno, puede tener sólo pocos modelos de comportamiento, dependiendo del número de adultos importantes, incluso hermanos mayores, que tenga a su alrededor.

Como resultado, el inconsciente buscará personas que le parezcan similares a tempranas figuras idealizadas, o asignará esas mismas funciones a relaciones actuales.[2] Por tanto, usted podrá reaccionar con su pareja —o con su jefe o con la maestra del jardín de niños de su hijo— como si fueran su padre, severo y autoritario. Podrá responder a su hijo como si fuera o bien usted mismo de niño o tal vez como su exigente madre.

"En cada guardería hay fantasmas", escribe Selma Fraiberg, destacada psicoanalista infantil y autora de *The Magic Years*, de modo que "uno de los padres y su hijo se encontrarán representando un momento o una escena de otra época con otro reparto de personajes".[3]

El proceso puede empezar desde antes del nacimiento. Al analizar las fantasías de las madres acerca de sus propios hijos aún no nacidos, Arietta Slade, teórica del apego, señala que "una madre que durante toda su vida se sintió dominada por su madre ya está preguntándose si podrá dominar a su feto. O una madre cuya propia madre la dejó a un lado ya está convencida de que su hijo no tendrá ninguna necesidad, no cambiará su vida y pronto será autónomo. Sentimos escalofríos al oír estas cosas".[4]

La transferencia desordena por completo las relaciones entre los padres. "Acababa yo de llegar a casa, después de una ardua jornada de trabajo y empezaba a hablar a mi esposa acerca de una nueva cuenta que me habían dado, y a cada dos frases me interrumpía el bebé, exigiendo mi atención, narró Carl a Bob durante una sesión. "Valerie ponía su cara soñadora, y era como si no estuviese allí. Por un momento, sentí la tentación de irme violentamente, dando un portazo, y de no volver. En realidad, me encontré pensando: '¡Nunca nadie me miró así!', como si yo fuera un niñito. Entonces recordé que eso era exactamente lo que sentí cuando mamá trajo a casa a mi hermanita, cuando yo tenía cinco años. Pero aun así no pude dejar de sentirme culpable y avergonzado, y esa noche me mostré frío y distante ante Valerie, ¡como si ella fuera mi madre que, sentí yo, me había traicionado!"

El proceso de comprender la manera en que la transferencia afecta la parentalidad exige preguntarse a usted mismo:

- ¿Qué características —buenas y malas— comparte su pareja con una figura importante de su niñez? ¿Responde usted a su pareja en alguna de esas maneras? ¿Puede explicar eso la fuerza e irracionalidad de algunas de sus respuestas?
- ¿Evoca su hijo sentimientos similares a los de alguien de su pasado? ¿O actuá con su hijo como sus padres actuaron con usted?
- ¿De qué forma otras personas de su vida (su suegra, su jefe, su abuela, etcétera) le recuerdan a otras figuras importantes?

> *Consejo: Cuando se engancha usted en una discusión con su pareja o empiece a gritarle a su hijo, deténgase y pregúntese: "¿Con quién de mi pasado estoy peleando en realidad? ¿A quién de mi pasado estoy gritándole?"*

CÓMO IDENTIFICAR MECANISMOS DISFUNCIONALES PARA ENFRENTAR LA ADVERSIDAD

Ante situaciones y relaciones conflictivas, un niño desarrolla mecanismos de conducta para tratar de satisfacer sus necesidades. Cuanto más difícil sea la relación, mayor esfuerzo tendrá que hacer el niño, y más neuronas (células cerebrales) intervendrán. Como resultado, el niño literalmente se especializará en este tipo de relaciones. Para aplicar estas habilidades, y dado que lo familiar le parece lo seguro (aun cuando no lo sea), cuando sea adulto a menudo tratará de recrear dentro de su propia familia las relaciones y circunstancias más difíciles de su niñez. Por ejemplo, un niño que se vio obligado a adoptar el papel de pacificador entre padres que discutían podrá, más adelante, hacer cualquier cosa para hacer felices a su hijo y a su pareja, aun a sus expensas (hasta podrá adoptar el papel de pacificador en el trabajo, o evitar conflictos, en su propio detrimento). Su hijo hará lo mismo con su familia. De este modo, transmitimos programas a nuestros hijos y a los hijos de nuestros hijos, creando una "tribu lineal" a lo largo de las generaciones.

Para descubrir sus mecanismos infantiles, que hoy son sus pautas de conducta, pregúntese:

- ¿A qué adulto(s) importante(s) me esforzaba por complacer cuando era niño, tal vez porque era emocional o físicamente inalcanzable?
- ¿Qué papel o qué mecanismo adopto, en relación con esta persona, para satisfacer sus propias necesidades?
- ¿Qué mecanismo o papel del pasado adopto hoy, y con quién, aun si ya no funciona para usted?

RECREANDO EL PASADO

Las primeras señales de discordia entre Mick y Jacinta aparecieron después del nacimiento de Angélica y, un año después, del de Emily. Las tensiones añadidas de una familia numerosa hicieron que Jacinta sintiese que perdía todo control e insistiera en un obsesiva exigencia de limpieza que parecía crecer en proporción con su imposibilidad de llevarla a cabo, en un hogar en que había una niña de tres y otra de cuatro. Criticaba cada vez más a Mick y a las niñas y se echaba a llorar diciendo: "Es demasiado. ¡No puedo con todo!" Mick, que solía enfrentarse a las emociones suprimiéndolas, se alejó y optó por pasar más tiempo en su trabajo, ante una creciente sensación de incapacidad y culpa.

Las pautas habituales de la pareja —sus saboteadores internos— les impedían apoyarse mutuamente o satisfacer las necesidades de cariño, atención y empatía de sus hijas. Cada una de las niñas desarrolló sus propios mecanismos. Angélica se defendió contra el dolor del abandono emocional y de su incapacidad de complacer a su madre simplemente dejando de intentarlo. Parecía despreocupada cerca de su madre, pedía poco, pasaba casi todo su tiempo a solas y no parecía interesada en sus compañeras de juego. Al notar este alejamiento, su pediatra sugirió la depresión como causa de su conducta. La pequeña Emily adoptó la actitud opuesta: se volvió exigente, obstinada y proclive a berrinches, cuando no lograba hacer lo que se le antojaba.

Durante sus sesiones con Bob, la pareja descubrió las raíces de sus pautas de conducta y cómo éstas estaban entrando ahora en acción. La madre de Jacinta había tenido cinco hijos, casi uno tras otro, apreciaba la pulcritud ante todo, y a menudo se enfurecía por el inevitable caos. La obsesión de Jacinta era resultado, en parte, debido a este ideal y, en parte, por la intención de crear alguna sensación de control en un ambiente que estaba fuera de todo control. El padre de Jacinta pasaba mucho tiempo fuera del hogar, en viajes relacionados con su trabajo, y sus padres se divorciaron cuando ella tenía seis años, dejándola con un continuo temor al abandono.

Por desdicha, la tendencia de Mick a retirarse emocionalmente y a trabajar largas horas reforzó la inconsciente asociación de Jacinta entre él y su padre. El padre de Mick evitaba todo enfrentamiento abierto con su madre, que siempre lo criticaba, simplemente yéndose de la habitación o de la casa cuando veía amenazas de desacuerdo: pauta que Mick idealizó y trato de emular.

Como lector sagaz, habrá notado también que las dos niñas estaban siendo el espejo de sus padres, con Angélica alejándose como su padre y Emily mostrándose furiosa y proclive a arranques como su madre.

CÓMO VENCER AL SABOTEADOR INTERNO

En cuanto usted exteriorice el problema, es decir, en cuanto comprenda que *ninguno de estos sentimientos ni conductas son realmente suyos*, sino que proceden de circunstancias anteriores sobre las cuales no tenía ningún control, será más fácil hacerles frente y pensar creativamente sobre cómo prevenirlas. Entonces podrá valorar la situación y preguntarse: ¿cómo esta deformando mi filtro de la niñez el modo en que veo a estas personas, a mis opciones, es una visión válida? Jacinta se preguntó: "¿Estará mi vida realmente fuera de control si mis hijas se portan como niños y causan desorden?" Después de hablar con Bob, su respuesta fue: "¡Claro que no! La verdadera perturbación vino de muy atrás y no tiene nada que ver con ellas."

En cuanto ambos se percataron de la intensidad de sus sentimientos y de que partes de su conducta eran vestigios del pasado, lograron dar marcha atrás y elaboraron estrategias para hacerles frente. Jacinta se relajó más ante el desorden y la suciedad normal de una casa. Comunicó a Mick exactamente lo que ella necesitaba para calmar a la niña pequeña que llevaba dentro y confirmarle que él no la abandonaría, lo que incluía llamar dos veces desde el trabajo para decir que la amaba, abrazarla cuando ella se enojaba, en vez de alejarse, y no llevar trabajo a la casa para los fines de semana. Ella aceptó bajar el volumen de su voz aun cuando estuviese irritada o enojada, para no disparar su temor al conflicto. Ambos convinieron en decirse lo que estuvieran sintiendo antes de que se intensificaran las emociones y las acciones.

Al mejorar su relación de pareja y adquirir mayor fortaleza emocional y flexibilidad, Jacinta y Mick pudieron ser tolerantes y comprensivos con ambas niñas y satisfacer mejor sus necesidades. Hicieron grandes esfuerzos por contenerse cuando sus saboteadores internos amenazaban con afectar a las niñas, se tomaron tiempo a diario para hablar de sus estrategias y preocupaciones como padres y dedicaron mucho más tiempo a las actividades familiares, así como a las niñas. Con mucho aliento de la mamá y actividades especiales con papá, Angélica salió de su caparazón y empezó a hablar de sus sentimientos, a participar en actividades familiares y a hacer nuevas amigas en la escuela. Emily aprendió a pedir clara y tranquilamente lo que deseaba, y mostró mucho menos frustración cuando algo se le negaba.

"Tal vez no seamos la familia perfecta", comentó después Mick a Bob, "pero las niñas ahora saben que estamos para ellas y hablamos de todos. Al resolver estos problemas, creo que hemos cambiado notablemente, para bien, el curso de nuestras vidas".

En los próximos seis capítulos, aprenderá usted muchas más técnicas para contener al saboteador interno sin afectar a su familia, incluyendo cómo asegurar que sus relaciones sean un apoyo para usted y para sus hijos en vez de recrear pautas pasadas. Pero por ahora, emprendamos las siguientes acciones:

1. Haga una lista de los modos en que se relaciona con su actual familia, susceptibles de mejora.

2. Pida a su pareja que haga lo mismo.
3. Comenten estas listas.
4. Decidan cómo se ayudarán mutuamente para resolver los problemas subyacentes y combátanlos.
5. Manténganse alerta y discutan sobre sus progresos, elogiándose uno a otro cuando vean mejoras.

NOTAS

[1] Robert Karen, *Becoming Attached: First Relationships and How They Shape Our Capacity to Love*, Oxford University Press, Nueva York, 1998, p. 357.

[2] Wyndol Furman y Anna Smalley Flanagan, "The Influence of Earlier Relationships on Marriage: An Attachment Perspective", en *Clinical Handbook of Marriage and Couples intervention*, ed. W. K. Halford y H. J. Markman, Wiley, Chichester, Reino Unido, 1996.

[3] S. Fraiberg, *et al.*, "Ghosts in the Nursery: A Psychoanalytic Approach to the Problems of Impaired Infant-Mother Relationships", *Journal of the American Academy of Child Psychiatry*, 14, núm. 3, 1975, pp. 387-421.

[4] A. Slade, entrevista con Robert Karen, en *Becoming Attached*, Oxford University Press, Nueva York, 1998, p. 367.

5

PASO 2:
ESTABLEZCA UN EQUILIBRIO
SALUDABLE ENTRE EL TRABAJO Y
LA FAMILIA

*

El desajuste entre nuestros genes de la Edad de piedra y nuestro estilo de vida de la época del jet no se muestra de manera más penosa en ningún otro aspecto que en la lucha por unir dos aspectos frecuentemente incompatibles de nuestras vidas: el trabajo y la familia.

Nuestros antepasados cazadores-recolectores no experimentaban ninguna división entre el trabajo con que obtenían alimento y refugio (que a menudo no requería más de 12 horas por semana), la atención a sus hijos, la vida social y la realización de rituales. Las mujeres llevaban consigo a sus bebés mientras recolectaban y chismorreaban, y cuando la madre necesitaba un descanso, abuelas y amigas se turnaban encantadas el cuidado de los niños. La situación de la madre actual, que debe elegir entre el aislamiento y la falta de posición social si se queda en el hogar como madre de tiempo completo, y apartarse de sus hijos y hacer malabares con las necesidades de éstos y las de su propia carrera, probablemente habría evocado horror y compasión en sus antepasados. ¡Y estas son las afortunadas madres que pueden elegir gracias a sus circunstancias financieras u otros apoyos!

Asignar tiempo al trabajo, el hogar y la atención propia es, acaso, la decisión más vital que usted y su pareja tendrán que tomar respecto del bienestar de sus hijos y su resistencia a la depresión. Por ejemplo, ¿organiza usted sus actividades de madre o padre en torno del trabajo o el trabajo en torno a ellas? Tomar la mejor decisión es algo que exige buena información, conocimiento de uno mismo, algunos serios compromisos y comunicación clara. Dada nuestra sociedad disfuncional, simplemente no existe una solución perfecta, así que no caiga en la trampa de sentirse culpable. Es importante llegar a la mejor solución posible y estar con su hijo y atenderlo en todo lo que sea posible.

Stacey Tantleff-Dunn y su esposo Michael Dunn, expertos en crianza y profesores asociados de psicología clínica en la Universidad del Centro de Florida, consideran que una comunicación constante acerca de quién hace qué es la clave para combinar bien la carrera y la crianza de los hijos.

"Cuando usted decide trabajar y criar niños, opta por una vida de constante malabarismo", dice Tantleff-Dunn. "Y, como cualquier acto de circo, su éxito dependerá de estar en buena sincronización con su pareja. Hemos descubierto que conservar el sentido del humor, hablar con frecuencia de las prioridades y metas de cada uno, y una gran flexibilidad hacen que la ajetreada vida de los padres que trabajan sea no sólo tolerable, sino en verdad grata. A menudo reevaluamos cómo van las cosas y examinamos los cambios necesarios para mejorarlas. No siempre es fácil, pero siempre vale la pena.

"Sin duda, tener dos hijos pequeños y dos carreras es algo que nos desafía en formas que nunca imaginamos, pero si nos concentramos en lo que realmente nos importa, todo es posible. Nuestra casa no siempre está flamante, y nuestras carreras no van siempre hacia arriba, pero nuestros hijos están saludables y felices, nuestros trabajos son productivos, y no abandonaríamos nada de ello."[1]

EL PLAN DE PRIORIDADES PARA PADRES

Para establecer un equilibrio saludable entre la familia y el trabajo, usted y su pareja (o cualquier otra persona que vaya a participar en la crianza del niño) necesitan examinar sus prioridades y emprender acciones concretas para organizar sus vidas en consecuencia. He aquí nuestro "Plan de prioridad para padres", en cinco etapas:

1. Evalúen cómo sus programaciones personales pueden estar influyendo sobre sus prioridades como padres.
2. Elija una vida laboral saludable, que promueva el bienestar y le permita pasar suficiente tiempo con su hijo.
3. Divida su tiempo para tener salud, bienestar y buenas relaciones.
4. Asigne tareas y funciones y establezca un presupuesto realista.
5. Planee una continua evaluación y revisión.

EVALÚE SU PROGRAMACIÓN PERSONAL

Cuando comience su propio plan, considere si sus actuales prioridades para criar a su hijo han sido impuestas por aspectos disfuncionales de su programación personal, tal vez basados en el enfoque de sus padres al criar a niños pequeños. Pregúntese:

- ¿Alguno de sus padres, o ambos, tasaba su propio valor tan sólo en función de su carrera, considerando como actividad secundaria la crianza de los hijos?
- ¿Tenían claros sus papeles dentro de la familia, y les complacía cumplirlos?
- ¿Gozaban su relación con sus hijos, o sentían que estaban haciendo enormes sacrificios?

- ¿Era la persona que obtenía mayores ingresos la que tomaba las decisiones importantes de la familia?
- ¿Reservaban sus padres algún tiempo para la convivencia familiar?
- ¿Cuánto tiempo convivía toda su familia, y en qué situaciones? ¿Qué hacía agradables o desagradables esos momentos?
- ¿Cuáles de los valores y prácticas de crianza que heredó considera válidos, y cuáles descartaría?

ESCOJA UNA VIDA LABORAL QUE PROMUEVA EL BIENESTAR

La información y sugerencias que detallamos a continuación le serán de gran utilidad para determinar sus auténticas prioridades respecto al trabajo y la familia, las necesidades de su niño y las actividades laborales más saludables para uno o ambos miembros de la pareja.

Las necesidades de su niño

El número de madres con niños de menos de un año, que están ingresando en la fuerza laboral está en rápido crecimiento. Sobre todo en Estados Unidos, algunas madres sólo toman incapacidad de cuatro semanas por maternidad (habitualmente, sin paga), lo que después del parto puede dejarlas con sólo una semana para pasar con su hijo.[2] Ciertos estudios muestran que a la mayoría de las mujeres les gustaría tomarse cierto tiempo libre en los primeros meses, o hasta años, para estar con su niño, pero les preocupan las presiones económicas.[3] De hecho, en cuanto las madres empiezan a sentirse unidas a sus bebés, muchas de ellas buscan afanosamente maneras de alargar ese periodo.

Pasar tiempo suficiente con su infante para aprender a responder a sus "claves" y permitir que avance bien el proceso del apego es una de las formas más importantes de impedir que su niño sufra, más adelante, de depresión y otros problemas. Exactamente en qué momento puede dejar, sin daño, al niño al cuidado de profesionales o de ayudantes preescolares es tema de gran debate y controversia. Aunque no siempre sea posible, lo ideal sería que madre e hijo pasaran juntos la mayor parte del tiempo al menos durante los 12 primeros meses (algunos dicen, 18 o hasta 20 meses), después de los cuales un niño, podrá ser preparado cuidadosamente para las ausencias gradualmente mayores de mamá.[4]

Recuerde que no es culpa suya el que la sociedad imponga elecciones casi imposibles a los padres, y sentirse mal no es bueno para usted ni para su bebé.[5] Las madres trabajadoras con niños pequeños se animarán al saber que un estudio de la Universidad Charles Sturr sugiere que, por muy pronto que vuelva a su rutina laboral, es más probable que una madre trabajadora tenga un niño seguro si está verdaderamente interesada en su trabajo y no siente angustia por la forma de cuidado infantil que ha elegido para su hijo.

A veces, los cuidadores dicen a los padres que lo mejor es dejar a los niños en sus manos lo antes posible con el argumento de que al ser tan pequeños no se preocupan gran cosa por encontrarse al cuidado de un desconocido. La trágica verdad es que al ser arrancados prematuramente de sus madres se interrumpe el proceso de apego, razón por la cual los niños no mostrarán la preocupación apropiada por la separación, aunque las heridas, menos visibles, pueden ser mucho más profundas y duraderas. Por ejemplo, muchos estudios revelan que los niños que experimentan un cuidado no materno temprano y extenso están en riesgo de desarrollar una conducta agresiva y rebelde.[7] Señala el estudioso Stanley Kurtz: "La depresión de bajo nivel es mucho más difícil de descubrir y de verificar, mediante la observación, que las obvias bravatas en el aula, pero eso no significa que no exista."[8] Aún cuando el niño parezca resistente, los daños psíquicos causados por una separación demasiado temprana pueden aparecer años o hasta décadas después.[9]

En los primeros meses no sólo importa *cuánto* tiempo, aunque sea "tiempo de calidad" (concepto que nos han dado ciertos gurús de la mercadotecnia, de la industria del cuidado infantil, para paliar la culpa maternal), sino *cuándo*. El establecimiento de un nexo seguro no se ajusta siempre al programa laboral de la madre, que no puede tomar en cuenta los periodos en que el bebé está más abierto a estímulos y enseñanza (generalmente, por la mañana), momentos clave como en los que dice la primera palabra o ver al primer pájaro, o los momentos en que necesita la presencia y el apoyo de su madre *exactamente en ese instante*, para que sepa que puede contar con ellos más adelante.

La separación es dolorosa tanto para la madre como para el niño. "Mi niño de un año aún me rodea las piernas con los brazos y me ruega no ir a trabajar, cada mañana", nos dijo, deprimida, una laboriosa ejecutiva. "Su llanto me resuena en la cabeza todo el día. Pensé que la cosa mejoraría para ambos con el paso del tiempo, mas para mí han empeorado, especialmente cuando pienso que va creciendo, y yo me lo pierdo."

Un error que a menudo cometen las madres trabajadoras es protegerse inconscientemente contra el dolor de la separación haciéndose sordas a las emociones de los infantes. Este proceso, llamado "insensibiliazación" afecta la capacidad de la madre para entender las "claves" del bebé.[10] La sensibilidad de la madre tal vez sea el factor más importante para desarrollar la competencia social y para que el niño se entienda bien con cuidadores y maestros.[11]

Recuerde que el cuidador principal de su niño no necesariamente tiene que ser la madre: papá, un pariente u otro cuidador constante también puede establecer un nexo seguro. La segunda mejor alternativa a una figura cariñosa de tiempo completo consiste en compartir el tiempo con su pareja u otro cuidador de confianza. Cuando es inevitable ponerle cuanto antes un cuidador, es importante encontrar un ambiente cálido y de apoyo, con una buena proporción de cuidadores por niños (para más consejos sobre cómo elegir cuidadores apropiados, véase el capítulo 17).

Después de la primera infancia, si su niño se siente seguro, un trabajo de medio tiempo puede tener beneficios para ambos, madre e hijo. Algunos estudios muestran que las madres trabajadoras de niños mayores ejercen una autoridad caracterizada por la comunicación explicativa, en lugar de autoritarismos menos funcionales o de la indulgencia, y que sus hijos son más sociables, mejor portados y más inteligentes. Asimismo, las madres trabajadoras suelen ser modelos de competencia, autonomía e independencia, en particular para sus hijas.[12] En nuestro papel de asesores hemos descubierto que las altas ejecutivas que reciben instrucción en habilidades de comunicación y empatía en el trabajo emplean esas mismas técnicas, con gran éxito, en sus familias. Desde luego, un niño de seis años aún necesitará pasar mucho tiempo con usted.

Aunque incontables investigaciones han demostrado que la satisfacción de los padres con su trabajo afecta su vida en el hogar, un estudio reciente confirmó que lo opuesto también es cierto: el humor y el temperamento de los niños ejerce un impacto significativo sobre la sensación de competencia de sus padres en el trabajo.[13]

Consejo: Si usted es un padre (o una madre) que trabaja, permítase tener pensamientos agradables acerca de su hijo durante el día, en lugar de bloquearlos para "separar" el trabajo y la familia. Esto ayudará a que se sienta más conectado con él al llegar a casa.

El trabajo favorable a la familia

Si puede usted elegir dónde trabajar, busque un lugar de trabajo favorable a la familia, en donde se tomen en cuenta las necesidades de los padres. La buena noticia es que cada vez hay más empresas dispuestas a ayudar en ese aspecto, ya sea formal e informalmente. Un estudio efectuado en 2004 por la empresa de contadores Deloitte Touche Tohmatsu descubrió un aumento en el número de compañías estadounidenses que ofrecen un horario flexible, pasando de 50 por ciento en 2002 a 75 por ciento en 2004. Durante ese mismo periodo, el deseo de los empleados de trabajar en horarios flexibles se había elevado de 65 a 82 por ciento. La sensación de que se tiene cierto control de las horas y el programa de trabajo se ha asociado, consistentemente, con menor conflicto entre el trabajo y la familia, el estrés y el agotamiento.[14]

El trabajo en el hogar crea exigencias adicionales, como por ejemplo, que el niño espere estar con usted ya que usted esta ahí, pero puede ser la mejor solución si desea obtener un ingreso adicional, mantener un pie en el mercado laboral o establecer contactos sin separarse de sus hijos. Advertencia: los trabajadores de medio tiempo se quejan a menudo de que acaban por hacer casi tanto como los trabajadores de tiempo completo, pero al menos pueden escoger sus horarios.

El periódico *Sacramento Bee* de California, la fábrica de muebles Mitchell Gold Company de Carolina de Norte y Canadá Post se encuentran entre el 3 por ciento de las compañías estadounidenses importantes que ofrecen guarderías infantiles en sus instalaciones. Estas empresas han descubierto que esto no sólo representa buenas relaciones públicas, sino un ahorro, aspecto que usted podría comentar con su patrón. Estas compañías han comprobado que no tienen que capacitar a sustitutos y conservan a sus empleados, al permitirles trabajar medio tiempo o en casa y mantenerse en contacto mediante telecomunicaciones. En general, los sectores más favorables a la familia son la tecnología, los medios informativos, las telecomunicaciones y los servicios financieros.

Otras oportunidades laborales incluyen los negocios establecidos en casa, las franquicias, las consultorías, el diseño web, o bienes raíces, la clases particulares, la escritura *freelance* y la traducción. La mayoría de las personas poseen una habilidad que les puede reportar ingresos desde su casa. No subestime la experiencia en negocios y las ideas de las mujeres que puede encontrar en clases de Lamaze y grupos de madres. Una ambientalista australiana conoció a un experto neoyorquino en mercadotecnia mientras aguardaban en el consultorio de su pediatra, y el resultado fue una exitosa línea internacional de productos *gourmet* de los montes australianos.

Transiciones del hogar y el trabajo

He aquí algunas sugerencias para lograr la transición entre el hogar y el trabajo:

- Si usted trabaja para una compañía, analice no sólo su política para los padres sino también su misión, visión y valores. Si éstos incorporan un enfoque más libre respecto a sus políticas de permisos para ausentarse, el cuidado de los niños o la flexibilidad de horarios, considere cómo negociar las condiciones laborales que a usted le gustarían.
- Tomar un receso ni implica aislarse de su campo laboral o de los estímulos profesionales. Asegúrese de conservar al corriente su lista de contactos y programe reuniones sociales con compañeros de trabajo y nuevos contactos.
- Capacítese desde su hogar, mediante cursos por correspondencia, siempre y cuando sea una materia que realmente le interese y cumpla con expectativas razonables acerca de tiempo y de energía mental.
- Si trabaja usted en casa, establezca un espacio bien definido y límites bien claros para los hijos mayores.
- De ser posible, encuentre una o varias personas compatibles con las que pueda hacer negocios. Todos trabajamos mejor en equipo, y habrá alguien que pueda ocupar su lugar cuando haya que atender al niño.

Las relaciones en el trabajo

Cuando se trata del bienestar de su hijo, así como del suyo propio, el factor más importante son las relaciones. Los padres que informan de altos niveles de apoyo social de sus compañeros de trabajo y supervisores tienen una mayor satisfacción laboral, que se correlaciona con una vida feliz en el hogar.[15] En cambio, un lugar de trabajo estresante e insoportable puede producir directamente un padre incapaz, abrumado, y un niño deprimido.[16]

"Cuando tuve un jefe que me criticaba todo el tiempo y unos clientes que se sentían libres de hacer lo mismo, llegaba al hogar exhausta y frustrada, y pese a mis mejores intenciones, me irritaba con mi hijo Aidan, de tres años, y hasta con mi pareja, Jason. Los resultados fueron un niño triste, dependiente y berrinchudo, y una mala comunicación con Jason", dice una madre. "Cuando comencé a trabajar con personas realmente comprensivas y amistosas, empecé a llegar a casa feliz, y fui capaz de mostrarme más paciente y atenta. El humor y la conducta de Aidan mejoraron notablemente."

Aunque muchos padres que trabajan creen que deben guardarse sus dificultades familiares, para que no parezcan que están pidiendo un trato especial, mantener una comunicación abierta con los compañeros de trabajo es algo que establece una gran diferencia. "Todos queremos apoyar a Janet, y comprendemos que su pequeño esta teniendo algunas dificultades", confesaban hace poco un alto ejecutivo de una importante empresa de consultoría. "Pero es indispensable que ella nos diga cuándo necesita ayuda en lo profesional y qué ocurre en su hogar, para que podamos tomarlo en cuenta y darle cierto tiempo libre."

Consejo: Aparte un tiempo para conocer a sus compañeros de trabajo y será franco con las dificultades que pueda tener, incluso las relacionadas con la crianza de sus hijos. Tal vez encuentre compañeros dispuestos a compartir sus propias alegrías y preocupaciones como padres.

TOME EN CUENTA SU BIENESTAR COMO PADRE

Para el bienestar de sus hijos y de su familia en general, es vital que no dañe su propia salud y alegría. Asegúrese de incluir una buena serie de actividades gratas, alentadoras y saludables en su Plan de prioridades para padres. Pregúntese cuánto tiempo necesita dedicar a estas actividades:

- **Tiempo de calidad con la pareja.** Al intentar equilibrar el trabajo y la familia, a menudo la mayor víctima es el tiempo que se pasa con la pareja, aparte de revisar la lista de asuntos pendientes. Contar con el amor y el apoyo de la pareja es la base del éxito en todas las áreas, y es importante evitar que algo lo obstaculice. Dedique un tiempo a charlar, aun cuando sólo sea media hora al día, y asegúrese de no abandonar algunas actividades que siempre le han gustado, desde paseos en áreas naturales hasta una romántica cena en casa o fuera. Y, ante todo, no deje que desaparezcan esos rituales de amor: el beso de despedida antes de irse a trabajar; almuerzos compartidos, decir "te quiero" al término de toda conversación telefónica, o jugar, ustedes mismos, como niños.

- **Tiempo de calidad para usted.** No menos importante que el tiempo de calidad con su pareja es permitirse hacer las cosas que desea hacer (o no hacer nada), en lugar de hacer sólo lo que usted siente que debe hacer. Tomarse tiempo de calidad para uno mismo no es egoísmo: reduce el estrés en la casa e impide transmitirlo a los niños.

- **Amigos.** Aparte un tiempo para estar con amigos con los que en verdad pueda hablar, en especial del mismo sexo. A menudo, la paternidad causa un rompimiento con personas importantes para usted, sobre todo si no tienen hijos de la misma edad que los suyos. Esto es una lástima porque los amigos son una válvula esencial de escape y un gran apoyo. No es posible criar a un niño bien adaptado si usted no cuenta con una buena red de apoyo. Aislada, una madre primeriza, incluso con un segundo o tercer niño, casi inevitablemente caerá en un estado de depresión. Si va a ser usted uno de los padres que se quedan en casa, es vital que no la convierta en una prisión. Evite aislarse, inscríbase u organice un grupo social o de juego y reúnase con amigos en ambientes favorables a los niños, como bibliotecas, librerías y parques.

- **Ejercicio**. Aparte un tiempo para hacer ejercicio, particularmente para caminar. El ejercicio reduce el nivel del estrés y puede ser una poderosa defensa contra la depresión, incluso la depresión posparto. Permítase al menos 20 minutos diarios de caminata. Podrá llevarse muy cómodamente a su hijo en un cargador para bebé o cangurera, lo que tiene el beneficio adicional de permitir un contacto directo. Busque clases de yoga o de gimnasia donde ofrezcan servicios de guardería o haya área de juegos infantiles, incluso, una clase de ejercicios conjuntos par mamá y bebé.

- **La naturaleza.** Tómese un tiempo para disfrutar la naturaleza, de preferencia con su familia. Al menos una vez por semana, camine por un parque, vaya a la playa o practique cualquier actividad que lo aparte del concreto y los altos edificios.

- **Meditación.** Dedique un tiempo diario a la meditación. Tan sólo 15 minutos, dos veces al día, pueden establecer una gran diferencia en la batalla contra el estrés, lo que ayudará muchísimo a impedir que su niño se deprima.

Consejo: Programe esas actividades en su calendario y asegúrese de apegarse a ellas porque si no, sencillamente no se llevarán a cabo.

ASIGNE TAREAS, FUNCIONES Y PRESUPUESTOS

Antes de tener un hijo, hombres y mujeres suelen ser poco realistas acerca de las verdaderas tareas y responsabilidades que implica la paternidad, y sobre cómo responderán a ellas.

Cuando el hijo es muy pequeño, la principal tarea de papá será apoyar a mamá (si ella es la encargada principal) aunque después tendrá su propio papel vital que desempeñar directamente con el niño. Ciertos estudios muestran que, aunque el creciente apoyo de los padres ayuda a las mujeres a dedicar más tiempo a sus hijos, no suelen compartir las tareas por igual, aun cuando las madres trabajen tiempo completo. En una investigación de la Fundación Rowntree, el profesor de psicología Charles Lewis, de la Universidad de Lancaster, descubrió que aunque casi todos los hombres dicen que compartirían las responsabilidades de cuidar al niño si sus esposas trabajaran tiempo completo, en la práctica, tan sólo 35 por ciento se acerca a una participación equitativa.[17] Los padres de hoy dedican, en promedio 2.3 horas diarias a atender las necesidades físicas de sus niños pequeños, en comparación con las 5.9 horas de que informaron las madres,[18] y la logística y el transporte casi siempre recaen sobre la madre.

"La mayoría de los hombres creen que estar en casa incluirá lavar un poco de ropa, llevar a los niños a la escuela y, luego, tomarse una taza de café", dice Cary Cooper, psicólogo ocupacional y profesor de la Universidad de Manchester. Están locos. "Las esposas hacen muchas más tareas en casa de las que casi ningún hombre haya hecho nunca en su lugar de trabajo."[19]

Llegar a un acuerdo

Puesto que las parejas discuten más sobre las responsabilidades de cada uno que sobre cualquier otro tema, salvo el dinero, es esencial acordar determinadas actividades y atenerse a ellas, para llevar un hogar armonioso y funcional. Primero, decida exactamente qué necesidades hay que satisfacer y quién puede satisfacerlas. Después, analicen lo que a cada quien le gusta de ese proceso. Si ninguno de los dos desea hacer cierta tarea, consideren 1) si en realidad *tiene* que hacerse (tal vez se deje crecer el pasto, y puedan referirse a esa área cono "la pradera") ó 2) contratar un trabajador externo (más barato, a la larga, que las cuentas del médico por enfermedades causadas por estrés).

Estos nos lleva a otro aspecto importante de su Plan de prioridades para padres: el presupuesto a corto y a largo plazo. Ésta es una tarea que sin duda deberán compartir, o uno de los dos terminará frustrado y el otro se sentirá controlado. Quizá se percate de que a la inversión de tiempo en su niño pequeño requiere reducir sus gastos, lo que hará más difíciles aún las decisiones económicas. Planear bien sus prioridades será un buen punto de partida. Los capítulos 8 y 17 muestran estrategias adicionales para establecer prioridades, asignar funciones y tomar decisiones acerca del cuidado de los niños.

Cuando Adela, brillante abogada y clienta ejecutiva de Alicia, quedó embarazada con su segundo hijo, se sintió dividida entre la necesidad de cuidado constante de los niños y su deseo de seguir con una carrera que le gustaba y que le había costado mucho esfuerzo. Después de trabajar en su Plan de prioridades para padres, Adela y su esposo Pablo decidieron que él dejaría su trabajo de tiempo completo, que le parecía estresante y difícil, y a cambio aceptaría un empleo de medio tiempo como asesor técnico en una escuela local. Esto les permitiría pagar a una buena cuidadora, y a él, pasar las tardes con los niños. Adela informó que esta estrategia funcionó bien y que todos, padres e hijos, parecían felices.

Consejo: ¿Cuánto dinero se debe gastar sin consultar a la pareja? Pónganse de acuerdo en una cantidad fija y asegúrense de hablar sobre todas las compras que superen esa cantidad.

PLANEE UNA CONSTANTE EVALUACIÓN Y REVISIÓN

Le sugerimos llevar un registro escrito de las decisiones acordadas en relación con su Plan de prioridades para padres acerca de lo que es más importante para ambos, las tareas y el presupuesto. Junto a las actividades que asegurarán su bienestar, estos acuerdos determinarán la rutina de su hogar (recuerde que una rutina da seguridad a los niños). Apéguese a su plan a menos que cambien las circunstancias, que algunos aspectos no estén funcionando o que propongan opciones mejores. Cuando hagan ajustes, asegúrese de que ambos estén de acuerdo. Es buena idea para todos los cuidadores de niños reunirse con regularidad, den seguimiento al plan y evalúen lo que se puede mejorar.

De cualquier manera que disponga el trabajo y la vida familiar, surgirán dificultades y conflictos. Los Dunn tienen una clara manera de hacerles frente. Como dice Stacey: "A menudo superamos momentos difíciles recordando que muchos de los problemas que surgen son de corto plazo, pero que la manera en que los enfrentemos puede tener efectos a largo término sobre nuestra familia."[20]

NOTAS

[1] Stacey Tantleff-Dunn, en entrevista con el autor, 9 de diciembre de 2004.

[2] Christopher J. Ruhm, "How Well Do Parents with Young Children Combine Work and Family Life?" ensayo presentado en la Conferencia sobre Workforce/Workplace Mismatch? Work, Family, Health and Well-Being en asociación con NICHD, 16 de junio de 2003.

[3] Belinda Probert, "'Grateful Slaves' or 'Self-Made Women': A Matter of Choice or Policy", *Australian Feminist Studies*, 17, núm. 37, 2002, pp. 7-17.

[4] Robert Karen, *Becoming Attached: First Relationships and*

How They Shape Our Capacity to Love, Oxford University Press, Nueva York, 1998, pp. 313-344; L. Ahnert, *et al.*, "Transition to Child Care: Associations with Infant Mother Attachment, Infant Negative Emotion, and Cortisol Elevations", *Child Development*, 75, núm. 3, 2004, pp. 639-650.

[5] T. S. Zimmerman *et al.*, "Strategies for Reducing Guilt Among Working Mothers", *Colorado Early Childhood Journal*, 3, núm. 1, 2001, pp. 12-17.

[6] L. J. Harrison y J. A. Ungerer, "Maternal Employment and Infant Mother Attachment Security at 12 Months Postpartum", *Developmental Psychology*, 38, núm. 5, 2002, pp. 758-773.

[7] J. Belsky y D. Eggebeen, "Early and Extensive Maternal Employment and Young Children's Socioemotional Development: Children of the National Longitudinal Survey of Youth", *Journal of Marriage and the Family*, 53, núm. 4, 1991, pp. 1083-1098; J. Belsky, "Developmental Risks (Still) Associated with Early Child Care", *Journal of Child Psychology and Psychiatry*, 42, núm. 7, 2001, pp. 845-859; Lise M. Youngblade, "Peer and Teacher Ratings of Third- and Fourth-Grade Children's Social Behavior as a Function of Early Maternal Employment", *Journal of Child Psychology and Psychiatry*, 44, núm. 4, 2003, pp. 477-488; Lawrence M. Berger, *et al.*, "Maternity Leave, Early Maternal Employment and Child Health and Development in the U.S.", *The Economic Journal*, 115, núm. 501, 2005, pp. F29-47.

[8] Stanley Kurtz, "The Guilt Game," Nationalreview.com, 26 de abril de 2001, citado por Mary Eberstadt en *Home-Alone America: The Hidden Tall of Day Care, Behavioral Drugs, and Other Parent Substitutes*, Sentinel, Nueva York, 2004.

[9] Ronald C. Kessler, *et al.*, "Lifetime Prevalence and Age-of-Onset Distributions of DSM-IV Disorders in the National Comorbidity Survey Replication", *Archives of General Psychiatry*, 62, núm. 6, 2005, pp. 593-602.

[10] W Sears, *et al.*, *The Baby Book*, 2da ed., Little Brown, Nueva York, 2003.

[11] National Institute of Child Health and Human Development, 2003.

[12] L. W Hoffman y L. M. Youngblade, *Mothers at Work: Effects on Children's Well-Being*, Cambridge University Press, Nueva York, 1999.

[13] J. S. Hyde, *et al.*, "'Children's Temperament and Behavior Problems Predict Their Employed Mothers' Work Functioning", *Child Development*, 75, núm. 2, 2004, pp. 580-594.

[14] M. Tausig y R. Fenwick, "Unbinding Time: Alternate Work Schedules and Work-life Balance", *Journal of Family and Economic Issues*, 22, núm. 2, 2001, 101-119.

[15] Kristin A. Moore, *et al.*, "Tradeoffs Among Work, Family, Health and Well-Being: A Social-Demographic Perspective", ensayo presentado en la Conferencia sobre Workforce/Workplace Mismatch? Work, Family, Health and Well-Being en asociación con NICHD, 16 de junio de 2003.

[16] Neala S. Schwartzberg y Rita Scher Dytell, "Dual-Earner Families: The Importance of Work Stress and Family Stress for Psychological WellBeing", *Health Psychology*, 1, núm. 2, 1996, pp. 211-223.

[17] C. Lewis, *A Man's Place in the Home: Fathers and Families in the* UK, Joseph Rowntree Foundation, Londres, 2000.

[18] J. Aldous, *et al.*, "Fathering Over Time: What Makes the Difference?", *Journal of Marriage and the Family*, 60, núm. 4, 1998, pp. 809-820.

[19] C. Cooper, citado en "House Husbands' Heart Risk", *BBC News Online*, 25 de abril de 2002, http://news.bbc.co.uk/hi/english/health/news id_1950000/1950155.stm.

[20] Stacey Tantleff-Dunn, entrevista.

6

PASO 3:
ESTABLEZCA UN NEXO DE RELACIONES DE APOYO ENTRE USTED Y SU HIJO

*

Su éxito como padres despende de la calidad de las relaciones entre ustedes y su(s) hijo(s). Estudio tras estudio se ha mostrado que la satisfacción marital, y sobre todo el apoyo del padre a la madre en las primeras etapas son las claves del optimismo y la salud emocional del niño para toda su vida.[1]

Los hermanos (en especial los mayores), la familia extensa, los cuidadores, los amigos y los compañeros de trabajo desempeñan, todos ellos, un papel vital, primero, apoyando a la nueva madre y, conforme crece el niño, como modelos y parte de su red general de apoyo. De allí las palabras de Kenyan, citadas con frecuencia: "Se necesita todo un pueblo para criar a un niño." Desde luego, para el padre o la madre solos, este sistema de apoyo es particularmente vital. Podrá usted reclutar a todos los que le rodean para recrear la esencia educativa del grupo cazador-recolector, esa unidad que durante dos y medio millones de años impidió la depresión endógena (a largo plazo) entre los seres humanos.

UNA INTERDEPENDENCIA SALUDABLE

Por desgracia, los seres humanos modernos parecen haber perdido el don de formar relaciones de apoyo. Según la Organización Mundial de la Salud (OMS), 80 por ciento de todas las relaciones fracasan, y las estadísticas revelan un índice de divorcios de 50 por ciento.

Un problema es que la sociedad —como el niño que se siente rechazado por su madre y trata de mostrar que ya no la necesita— premia la independencia, "al que sube por sí solo", y al que "se sale con la suya". Los gurús de la autoayuda nos piden que encontremos la felicidad interior y que de algún modo "elijamos" no ser afectados por la conducta de otros.

Todo esto, desde luego, es absurdo y va contra la esencia misma de nuestra humanidad. Cuanto más inteligente es el mamífero, menos independiente es, se deja llevar menos por el instinto, y más tiempo tiene que depender de su madre y del grupo mientras aprende las técnicas de supervivencia. Los seres humanos pasamos 20 por ciento de nuestras vidas como hijos o adolescentes dependientes, en comparación con 5 por ciento de la mayor parte de los otros mamíferos.[2]

En una aparente paradoja, la confianza en nosotros mismos como niños mayores y adultos depende de cuánto podíamos confiar en la presencia de nuestra madre en la primera infancia. Si sufrimos una separación temprana causada, por ejemplo, por una madre preocupada o que nos rechace, por un divorcio o por haber sido confiados a un cuidador demasiado pronto, podemos volvernos demasiado autónomos —en apariencia— e incapaces de establecer relaciones saludables. Si no aprendimos a temprana edad que podíamos contar con ayuda cuando en verdad la necesitáramos, —que quienes nos rodeaban respondían a nuestras necesidades—, la frustración e inseguridad resultantes inhiben nuestra capacidad de buscar metas apropiadas, superar desafíos y alcanzar el dominio necesario para el optimismo.[3] Por otra parte, si nuestra madre no nos alentó a explorar el mundo y prolongó demasiado tiempo nuestra dependencia, probablemente nos volveremos inseguros e incapaces de contribuir de manera significativa a cualquier asociación, en el trabajo o en el hogar.

Algunos estudios han mostrado que las personas emocionalmente sanas, que al mismo tiempo confiaban en sí mismas y en otros (como los astronautas estadounidenses) habían crecido en familias en que ambos padres eran cariñosos y emocionalmente generosos, sus madres les habían dado una sensación de absoluta seguridad.[4]

Otro estudio reveló que las mujeres que mejor se enfrentaban a las demandas del embarazo y de la maternidad eran las que más confortablemente podían depender de otros. De inmediato buscaban el apoyo de su pareja, pedían directamente lo que necesitaban —sin insinuaciones ni manipulaciones— y tenían la capacidad de dar espontáneamente a otros, incluso a sus bebés. Las mujeres que menos capacidad mostraron no pedían apoyo o lo hacían en forma exigente y agresiva, tal vez debido a su falta de confianza en recibirla. En muchos, estaban insatisfechas con el apoyo que recibían y eran incapaces de darlo a otros.[5]

EL DIÁLOGO BASADO EN LAS NECESIDADES

El secreto de las buenas relaciones es tener claro qué necesita usted de los demás (como lo hacían las madres más felices del estudio mencionado) y qué necesitan ellos de usted. De hecho, las relaciones se definen como la satisfacción mutua de las necesidades. Sin embargo, la mayoría de la gente no habla clara y directamente de sus necesidades; antes bien, se valen de la manipulación y de la insinuación, lo que obliga a la otra persona a tratar de adivinar lo que se desea, y a menudo, falla. Muchas necesidades no expresadas que forman la base de algunas relaciones son disfuncionales, como "necesito que me controles", o bien "necesito que sepas lo que deseo, sin que yo lo pida". Estas necesidades se basan en aspectos negativos de la programación personal y ayudan a perpetuarlos. Identificar y expresar con claridad sus necesidades le ayudará a precisar y a contrarrestar a su saboteador interno... y también al de otros.

A la mayoría de nuestros clientes y alumnos se les dificulta expresar, al principio, sus verdaderas necesidades. No es tan fácil como podría parecer. Todos creemos saber lo que deseamos, tenemos algunas ideas vagas y generalizadas, pero cuando se trata de traducir estas generalizaciones en palabras y acciones concretas, nos empantanamos.

Por ejemplo, podemos decirle a alguien: "Necesito que me respetes." El respeto es un sentimiento y nadie puede sentirlo por petición. Tampoco puede nadie tener, por orden, una creencia o un pensamiento. Por eso es absurdo decir "necesito que aceptes...", o bien "necesito que creas...", o bien "necesito que comprendas". Ya sea que esté usted hablando a su hijo, socio, niñera o amigo, defina bien lo que desea que *hagan* o que *no hagan*, la *acción o inacción* que desea que emprendan, y pídala.

Tanya y Toby estaban emocionados y nerviosos antes de que naciera su primer hijo. Después de asistir al Programa Uplift, se valieron del "diálogo basado en las necesidades", para hacer frente a ese nuevo desafío. Cada cual anotó lo que necesitaba del otro, de la familia, de los amigos y los compañeros de trabajo, y luego manifestó sus necesidades a su compañero.

Lo que Tanya necesitaba de Toby incluía que éste:

- Asistiera con ella a clases de Lamaze, antes del parto.
- Se tomara dos semanas durante la época del parto y la apoyara asistiendo a éste.
- Preparara el cuarto de los huéspedes para la hermana de Tanya, que vendría a ayudarlos durante unas semanas, y se asegurara de que su hermana tuviera todo lo necesario.

- Sirviera de "portero" con sus propios padres, que solían ser dominadores y críticos, diciéndoles que no llegaran hasta después del parto, buscándoles acomodo en un hotel a su llegada, y poniendo muy claro que no debían criticar ningún aspecto del estilo de maternidad de su esposa.
- Se turnaran con ella el cuidado del bebé durante la noche.
- No iniciara una relación sexual e interrumpirla cuando llorara el bebé.
- Darle ánimo y tranquilizarla cuando ella se preocupara por causa del estrés, la fatiga o los desequilibrios hormonales.

Toby, a su vez, dio a Tanya su lista de necesidades, pidiéndole:

- Decirle de inmediato si necesitaba algo más.
- Acostarse a descansar, con o sin el bebé, al menos dos horas al día.
- Reiterarle día a día que él era importante para ella, aun cuando estuviese centrada en el bebé.
- Tomarse al menos una hora al día para estar a solas con él, sin su hermana, ni amigos ni parientes.

Las necesidades de Tanya para su hermana mientras estuviera ayudándola, incluían que ésta:

- No hiciera comentarios negativos acerca de la manera, más pragmática que perfecta, en que Toby llevaba el hogar.
- Le ofreciera bocadillos saludables a Tanya, para mantener bien su nivel de energía.
- Concediera tiempo a la pareja para estar a solas, durante una hora al día.
- Intercediera ante otros miembros de la familia y amigos, respondiera las preguntas de éstos y les asegurara que todo iba bien.

En general, convinieron con gran facilidad en satisfacer las nece-sidades recíprocas, pero en algunos casos tuvieron que negociar y hacer ajustes. Toby pidió a Tanya permitirle levantarse y aten-der al bebé cuando llorara durante la noche, pues Tanya estaría exhausta después del parto. Tanya dijo que trataría de dormir, pero que si estaba despierta, ella se encargaría del bebé. Toby es-tuvo de acuerdo.

Plantear claramente sus necesidades aseguró que el parto y las semanas siguientes transcurrieran sin mayores contratiempos, y la llegada del bebé fue una época gozosa para todos. Desde luego, los tres adultos tenían listas más largas de necesidades sobre los aspectos recurrentes de sus relaciones.

Menos formalmente, Tanya y Toby pidieran a sus amigos:

- Llama a la casa sólo una vez después del parto, para ver como va la nueva familia.
- Hicieran cita para visitar a la madre y el niño, hasta una semana después del parto.
- A los amigos más cercanos que procuraran visitar cada semana a Tanya, de ser posible durante el día, y salieran a pasear con ella y el bebé.

Cómo emplear el diálogo basado en las necesidades

Tanya y Toby emplearon nuestro modelo de cuatro pasos para el diálogo basado en las necesidades:

1. Identifique sus necesidades funcionales asegurándose de que cumplen con nuestras cuatro normas básicas, que se ajusten a nuestras cuatro categorías y que se ubican en una de las zo-nas de prioridades. Tal vez prefiera escribirlas en una lista de necesidades.
2. Exprese estas necesidades a los demás.
3. Aliente a otros a decirle lo que necesitan de usted.

4. Hablen sobre las necesidades y exprese con claridad cuáles podrá satisfacer cada uno. Cuando sea posible, negocie. Lleve un registro escrito de las necesidades que ambos han convenido en satisfacer.

CÓMO IDENTIFICAR SUS NECESIDADES

Le recomendamos que escriba una lista de necesidades completa, para las personas importantes en su vida, incluso los niños de más de tres años. Recuerde esas necesidades son acerca de relaciones, sobre lo que requiere que otros hagan o no hagan. No es una lista de cosas por hacer ni una vaga petición al universo, como "necesito más dinero".

Aunque más adelante compartirá estas necesidades con las personas a las que se dirigen, elabore este proceso sólo, por usted, sin dejarse influir por las ideas de otros. Recuerde: no todas las ideas son funcionales. Por ejemplo: "Necesito que aceptes todo lo que yo diga", no es la base para una buena relación, pero "necesito un veto sobre todas las decisiones concernientes a la relación" sí lo es. Para garantizar que una necesidad mejorará la relación, asegúrese de que satisfaga los cuatro criterios y entre en una o más de las cuatro categorías aquí numeradas.

 Consejo: Para personas tan importantes como un socio o un mejor amigo, escriba 10 necesidades en cada categoría.

Cuatro normas

1. Concreta. Las necesidades deben ser específicas y no generales, incluyendo, de preferencia instrucciones sobre cuán a menudo, en qué situación y de qué modo.
2. Orientadas a la acción. Las necesidades deben ser acerca de hacer o de no hacer. No deben ser acerca de sentir, pensar,

comprender o aceptar. Todas estas son emociones y percepciones que no pueden medirse ni cumplirse por orden.

3. Factible. No piense si la persona a quien está planteando una necesidad puede satisfacerla o no; más bien, si una persona en sus circunstancias podría. (Tal vez su madre alegue que no puede dejar de dar su opinión acerca del modo en que usted cría a su niño, pero cualquier ser humano maduro puede contenerse de hacerlo).

4. Apropiada. Las necesidades deben ser apropiadas a la relación. Fue apropiado que Tanya pidiera a su hermana concederle tiempo a solas con su esposo, y su hermana lo entendió.

Cuatro categorías

1. **Seguridad física.** Ejemplos de necesidades. Entre ellas estarán las relacionadas con el dinero (Tanya necesitó que Toby aplazara la búsqueda de su empleo "ideal", aunque de menor paga, como diseñador de jardines, y continuara con su empleo en la General Motors hasta que ella pudiese volver a trabajar); con la salud (la necesidad de Toby de que Tanya descansara dos horas diarias), y las necesidades que implican otros aspectos de la seguridad, como cerrar las puertas durante la noche.

2. **Seguridad emocional.** Esto a menudo se relacione con confianza, como hacer lo que dice usted que hará, y decir la verdad.

3. **Atención.** La necesidad de Toby de que Tanya pasara una hora con él al día cae dentro de esta categoría.

4. **Importancia.** La solicitud de Toby de que Tanya le dijera todos los días lo importante que lo consideraba reforzó su confianza en que todavía tenía un papel determinante en su vida, aun cuando ella se centrara básicamente en establecer el nexo con su bebé.

Zonas prioritarias

El sólo declarar a alguien una necesidad, o que alguien se la manifieste a usted, no significa que se tiene que estar de acuerdo. Decir no a una necesidad y/o negociar un acuerdo son factores importantes del diálogo basado en las necesidades. Para decidir cuáles son las más importantes, en cuáles puede usted transigir, y en cuáles no, resulta útil asignarles una "zona" coloreada. Estas zonas son, en orden ascendente de importancia, verde, anaranjada y roja.

- **Zona verde.** Las necesidades verdes son básicamente deseos. A Tanya le habría gustado que Toby le frotara la espalda durante 15 minutos al día, pero él también podría darle masaje en los pies o simplemente tenerla abrazada. Las necesidades verdes suelen relacionarse con la atención, y hay muchas maneras diferentes de satisfacerlas.
- **Zona anaranjada.** Las necesidades anaranjadas son un poco más importante que las verdes, pero todavía son un tanto flexibles y abiertas a negociación. Por ejemplo, la pareja pidió a sus buenos amigos que visitaran a Tanya semanalmente una vez que ella hubiera descansado pero si un amigo está ocupado en un proyecto laboral de particular importancia o está viajando, y se organiza para verla más adelante, ellos comprenderán.
- **Zona roja.** Respondiendo a la necesidad de Tanya, Toby pidió a su madre no criticar el modo en que su esposa cuidaba del niño. Si la madre de Toby continuaba fastidiando a Tanya se le pediría que no volviera a visitarlos. Violar una necesidad de la zona roja es algo que daña las relaciones, a veces de manera irreparable.

¡LAS NECESIDADES FUNCIONAN!

Aunque tan sólo pensar en lo que usted necesita de las personas que hay en su vida es algo importante para comprenderse a usted mismo y para contrarrestar la programación personal negativa, esto sólo es el primer paso. Si desea satisfacer sus necesidades, tendrá que informar a las personas de cuáles son. Para muchas personas, esto resulta difícil al principio. "¡Creerán que estoy demasiado necesitado!", gritan. O bien: "Lo interpretarán como crítica o deseos de controlar." O bien: "¡De todos modos, no me harán caso!"

Todas estas objeciones suelen diluirse cuando las personas tienen el valor de comunicarlas en estos términos y experimentan la intimidad y la comprensión mutua resultantes. Sin embargo, analicemos estas objeciones. Como hemos visto, los seres humanos son interdependientes, y por ello "necesitados" por naturaleza. De hecho, si alguien lo critica por ser "demasiado necesitado" o trata de hacerle sentir culpable por pedir, estarán tratando de controlarlo.

Decirle a alguien lo que usted necesita es sencillamente una afirmación acerca de usted, y no de ellos. Si lo interpretan como crítica o control, no es culpa de usted. Habitualmente, las personas llegan a ver el diálogo basado en las necesidades como una ventaja también para ellas, especial cuando comprenden que pueden decir no, negociar, y expresar sus propias necesidades.

Quizá descubra que quienes desean una relación enriquecedora con usted se sentirán aliviados al conocer en términos precisos lo que pueden hacer por usted y lo que usted espera de ellos, y estarán encantados de hacer lo que puedan. A la gente, por naturaleza, le gusta dar apoyo; la cooperación y el altruismo se encuentran en nuestros genes.[6] Obtenemos una recompensa de alegría neural cuando ayudamos a alguien o cuando satisfacemos sus necesidades, y nos sentimos frustrados cuando no podemos hacerlo o cuando no comprendemos lo que se nos pide.[7] Obtenemos una recompensa similar cuando alguien satisface una necesidad que hemos expresado.

LÍMITES *VERSUS* BARRERAS

Expresar en forma debida las propias necesidades establece límites que le permitirán a usted y a su niño tener cercanía, en lugar de barreras, que crean una distancia.

Si le dice usted a Jenny, de tres años: "Necesito que no corras ni grites en el vestíbulo", no sólo estará usted haciéndole una petición, sino también poniendo un límite en un lugar. El subtexto de lo que está diciendo es: "La mejor manera de que tengas una buena relación conmigo es que no corras ni grites en el vestíbulo". Cada necesidad que expresa es una declaración acerca de su relación, no importa a quien se la manifieste. Si le dice usted a su pareja: "Necesito que no me contradigas frente a los niños", estará estableciendo un claro límite dentro de la relación. Si la pareja no cumple su petición, o acepta y continúa socavando la autoridad ante los niños, estará diciendo, en realidad: "No respetaré tus límites."

A diferencia de las barreras, los límites no son fijos e impermeables. Sus necesidades cambian con usted y varían de acuerdo con las relaciones que mantiene. Los límites lo capacitan a tener relaciones y a sentirse seguro al hacerlo. Las barreras, por el contrario, apartan a la gente y son más rígidas y disfuncionales.

LINEAMIENTOS PARA COMUNICAR LAS NECESIDADES

Hay muchas maneras de expresar las propias necesidades a otras personas y de conocer lo que éstas necesitan de usted; la forma en que usted las exponga dependerá de las circunstancias y de la naturaleza de cada relación. Podrá manifestar una necesidad espontáneamente, en cualquier momento, como cuando alguien ha rebasado sus límites, tal vez por criticarlo o no hacer algo que había convenido (estas necesidades pueden expresarse así: "La crítica no es una manera debida de hablarme, y necesito que no me critiques", y "necesito que hagas lo que dijiste que harías"). Para superar la resistencia a emplear lo que a veces llamamos, en broma, la "palabra n", sugerimos que las personas empleen cualquier pretexto para hacerlo, como decirle a un tendero o al dependiente de una caseta de peaje: "Necesito un recibo."

En las relaciones íntimas e importantes, como con un cónyuge, un buen amigo o un colega (más adelante hablaremos de los niños), es buena idea presentar las necesidades de manera más estructurada. Esto exige, ante todo, escribir sus propias necesidades, y pedirles que hagan lo mismo. Si ellos no han leído este libro, ni tampoco *Creating Optimism*, tendrá usted que explicar la razón de las necesidades (unir más a las personas e intensificar la felicidad y eficiencia de cada una), así como las normas y categorías referidas. No olvide decirles que pueden decir no a cualquier necesidad, o sugerir una negociación. Un hombre al que conocemos se olvidó de comentar eso a su pareja, y luego se sintió desconcertado cuando ella no quiso hablar acerca de necesidades. ¿Quién habría querido, si pensara que todas eran órdenes no negociables? Sin embargo, desde luego, si alguien no acepta sus condiciones para una relación, en especial las necesidades de la zona roja, esto tendrá consecuencias.

Haga saber a la otra persona que habla en serio acerca de este proceso y siente que ayudará a hacer que su familia, su lugar de trabajo o su amistad sean lo mejor posibles. Dígale cuando le gustaría reunirse para comenzar el proceso de comunicar las necesidades, e insista en que traiga su lista de necesidades de lo que esperan de usted. Hemos notado que sin un plazo fijo, este proceso tiende a aplazarse una y otra vez.

Pueden necesitarse varias reuniones para exponer todas las necesidades. Sugerimos que cada uno de ustedes lea una necesidad o dos, y pregunte a la otra persona si comprende la necesidad y si puede satisfacerla. Es importante que salga de este proceso con una lista de necesidades aceptadas, a la que ambos puedan después remitirse. Tal vez acuerden que una persona anote los acuerdos y luego los copie para la otra. Una vez que ha terminado usted su lista de necesidades, convenga en reunirse con regularidad para ver si cada cual está haciendo lo convenido y si se requieren nuevos acuerdos. Anote estas fechas en su agenda y apéguese a ellas (para una descripción más detallada sobre la expresión de necesidades en diferentes situaciones, véase *Creating Optimism*).

Consejo: las listas de necesidades no son sólo para las personas que hoy ocupan un lugar en su vida. Escribir una lista de necesidades para una persona ideal, amigo o niñera (o, para padres solteros, una pareja o alguien con quien compartir la crianza de los hijos) puede ser el primer paso para atraer a su vida a nuevas personas de apoyo.

ESCUCHE LAS NECESIDADES DE SU HIJO Y DÍGALE LAS SUYAS

Antes de que su niño pueda hablar, manifiesta sus necesidades de manera no verbal, llorando o tratando de tomar cosas. Usted, a su vez, muestra lo que necesita, mediante el ejemplo, el tono de voz y congruencia de sus actos. Pongamos por caso: cada vez que su bebé le tire del cabello, causándole dolor, retírele suavemente la mano y dígale "no", con firmeza pero con calma. Cuando hace algo que le agrada a usted, déselo a entender claramente sonriendo o dando muestras de agrado. Escuchar las necesidades de un bebé es algo que requiere paciencia. Ya que él no se expresará siempre en forma clara o lógica, usted tendrá que ser un hábil intérprete, en particular con los niños de menos de tres años. Al crecer el niño, lo ideal es que aprenda a expresar concretamente lo que necesita. De hecho, los niños que sienten que sus necesidades son atendidas son los que menos harán berrinches o mostrarán conducta de rebeldía. Además, la capacidad de comunicarse y de negociar las necesidades emocionales es una habilidad vital que aumenta la fortaleza.[8]

Los padres a veces pasan por alto la verbalización de las peticiones o reglas y son incongruentes al aplicarlas. "¡Pero bien saben que no deben hacer eso!", es un frecuente lamento de los padres. A menudo los niños no lo saben, o están tratando de que usted fije límites claros. Deberá usted articular sus reglas y expectativas, en lugar de esperar que su niño las adivine.

No olvide expresar en términos concretos sus necesidades y reglas. No generalice. No diga "pórtate bien" cuando en realidad quiere decir "siéntate a la mesa en tu silla habitual y no le arrojes comida a tu hermanito". "Pórtate bien" es un concepto, y los niños de menos de seis años no comprenden tales generalizaciones (¡ni siquiera los adultos se ponen de acuerdo sobre lo que significan!).

En cuanto su hijo empiece a hablar, es importante alentarlo a pedir con toda claridad lo que necesita. Atender sus necesidades es una manera de mostrarle empatía y hacerle sentir que es un miembro apreciado del grupo. Si la necesidad que expresa es inapropiada, o usted no puede satisfacerla, dígaselo. No lo critique por sentir una necesidad diciéndole "no debes querer eso" o "necesitas demasiadas cosas". Evite enojarlo diciéndole "quizás después", cuando en realidad usted sabe que ese "después" nunca llegará para esa petición en particular. El niño sólo aprende a confiar si usted le dice la verdad. La franqueza es vital para la congruencia.

Adam y Jessica, ex discípulos nuestros, se propusieron alentar a su nena Tess, de dos años, a ser franca con sus necesidades. Esto hizo que fuera una alegría estar con Tess, ya que hacía mucho menos berrinches que otros niños de su edad.

Presenciamos la siguiente interacción entre Tess y Adam.

"¡Me duele el dedo!", dijo Tess, al entrar corriendo en el cuarto, con lágrimas en los ojos. "¡Papito besa dedo!" Adam sabía que en realidad no se había lastimado gravemente el dedo (no había sangre, ni gritos de dolor) sino que Tess estaba expresando básicamente una necesidad de simpatía y consuelo. Él habría podido rechazar la petición o tan sólo darle un toquecito al dedo, pero eso no habría satisfecho la necesidad emocional de Tess, de que él escuchara y reconociera su problema.

"Muéstrame dónde duele. ¿Te duele mucho?", dijo Adam, examinando con cuidado el dedo. Estaba mostrando que le preocupaba el dedo tanto cómo a ella, que era importante para él. "¿Quieres que te muestre como mejorarlo?" Casi de inmediato cesaron las lágrimas y la curiosidad dominó a Tess.

Adam llevó a Tess al botiquín y sacó una "curita", le mostró cómo desenvolverla y le pidió que lo ayudara a ponérsela en el dedo: "Ponla donde duele", le dijo. Para un niño, el menor pinchazo es un agujero en el cuerpo que necesita una "curita" para repararlo.

Cuando su niño pequeño exprese una necesidad, aplique las reglas del diálogo basado en las necesidades, de una manera apropiada para su edad. Compruebe que haya expresado una necesidad que es factible y apropiado satisfacer; de ser necesario, dé unas explicaciones sencillas, y negocie, ofreciendo una gama limitada de opciones.

Un sábado por la mañana, Jessica le preguntó a Tess qué le gustaría hacer. Ella contestó que deseaba ir al zoológico a ver las focas (su pasatiempo favorito) y también celebrar un *picnic* junto al lago. Su madre sabía que la distancia entre ambos lugares hacía imposible hacer un día de campo y tener tiempo para ver los animales predilectos de Tess. Jessica sugirió: "Te voy a decir algo. Vayamos hoy al zoológico y al lago, la semana próxima." Tess quedó encantada con esta sugerencia. La habían atendido. Su opinión y sus necesidades eran importantes.

La manera en que usted se relaciona con su pareja es, al menos, tan importante con el modo en que se relaciona con su hijo. Al observar la forma en que usted y su pareja comunican con toda franqueza sus necesidades y fijan límites funcionales su hijo aprenderá a hacer lo mismo, con lo que podrá encontrar seguridad y realización en sus relaciones futuras. La red de apoyo de la gente que atraerá lo capacitará a ser resistente y optimista y lo mantendrá a salvo de toda depresión.

NOTAS

[1] J. Belsky, "The Determinants of Parenting: A Process Model", *Child Development*, 55, núm. 1, 1984, pp. 83-96; P. Amato, "The Legacy of Parents' Marital Discord: Consequences for Children's Marital Quality", *Journal of Personality and Social Psychology*, 81, núm. 4, 2001, pp. 627-638; D. C. Renshaw, "Fathering", *Psychiatric Times*, 21, núm. 11, 2004; B. A. McBride, *et al.*, "Child Characteristics, Parenting Stress, and Parental Involvement: Fathers Versus Mothers", *Journal 01 Marriage and Family*, 64, núm. 4, 2002, pp. 998-1011.

[2] Bjorn Grinde, *Darwinian Happiness: Evolution as a Guide for Living and Understanding Human Behavior*, NJ, Darwin Press, Princeton, 2002.

[3] John Bowlby, *The Making and Breaking of Affectional Bonds*, Routledge, Nueva York, 1979.

[4] S. Korchin y G. Ruff, citado en John Bowlby, 1979.

[5] John Bowlby, 1979.

[6] Matt Ridley, *Origins of Virtue: Human Instincts and the Evolution of Cooperation*, Penguin Viking, Nueva York, 1996.

[7] James K. Rilling, *et al.*, "A Neural Basis for Social Cooperation", *Neuron*, 35, núm. 2, 2002, pp. 395-405.

[8] J. M. Patterson, "Understanding Family Resilience", *Journal of Clinical Psychology*, 58, núm. 3, 2002, pp. 233-246.

PASO 4:
ESTABLEZCA UN PROCESO
CLARO PARA TOMAR DECISIONES
FAMILIARES

*

Paseando el otro día por un centro comercial, observamos una breve interacción entre una madre y su pequeño de tres años. Ella estaba obviamente alterada por algo y el niño tenía una expresión de renuencia. Pasaron junto a un puesto de helados y el niño tiró de la manga de la señora diciendo que le había prometido un barquillo doble de chocolate "por portarse bien". Cuando ella no le hizo caso, el niño empezó a gimotear. La madre lo tomó por los hombros y lo sacudió. "¡Es la segunda vez que lo pides! ¡Te advertí que no estuvieras pidiendo cosas!", le dijo, furiosa. "Yo te diré cuando te daré algo." El niño empezó a llorar. Una falla de comunicación, tal vez, pero, asimismo, algo más profundo y significativo.

El niño creyó que ambos habían llegado a un acuerdo, y que recibiría un barquillo, puede suponerse que como recompensa por acompañar a su madre a las compras. Ella tal vez creyó que tenía el derecho único de tomar tales decisiones y la irritaron sus exigencias. ¡Cómo se atreve un niño de tres años a exigir que sus padres cumplan su palabra, y a creer que estas cosas importan!

El viejo dicho de que a los niños "se les debe ver pero no oír" es falso y destructivo. Sentir que se es dueño del propio destino —un sentido de autonomía— es una de las principales bases de la felicidad, y es un proceso que comienza a muy temprana edad. Un niño necesita sentir que sus padres están a cargo de sus vidas, pero que su propia voz, sus opiniones y sus necesidades son escuchadas y tomadas en cuenta. Sin ello, la actitud defensiva, el pesimismo y la depresión constituyen un verdadero peligro.

Los adultos a menudo suponen que los niños son incapaces de tomar decisiones "racionales"; por consiguiente, sus opiniones no cuentan y los padres son los que tienen el derecho de decidir lo que deben hacer y lo que no deben querer ni necesitar. Semejante suposición no podría ser más equivocada.

TOMA DE DECISIONES EN CONSENSO

Nuestros antepasados más remotos sabían hacer las cosas cuando se trataban de tomar decisiones, y las pocas tribus de cazadores-recolectores que aún quedan pueden enseñarnos mucho acerca de este proceso. Cuando Bob vivió entre un grupo semejante de cazadores-recolectores en el sur de África, durante casi seis meses, observó que las decisiones importantes se determinaban mediante el consenso de los adultos. El antropólogo Colin Turnbull, que vivió entre los pigmeos de África Central durante los años sesenta, anotó en su libro *The Forest People* que a menudo se aplazaba, durante cierto tiempo, la toma de una decisión hasta que se hubiese llegado a un consenso.[1]

Turnbull y otros han observando que aun cuando los niños en estas sociedades pueden no votar en asuntos importantes, sí se les incluye desde temprana edad el proceso de toma de decisiones. También, siendo pequeños, se les da una responsabilidad que los prepara para desempeñar su papel en la microdemocracia en que viven. Desde los seis años, poco más o menos, se espera que planeen su día de cacería y de correrías, y que tomen decisiones, cotidianas sobre una gran variedad de asuntos que conciernen a la vida económica del grupo.[2]

INTRODUCIR A LOS NIÑOS EN EL PROCESO DE TOMAR DECISIONES

Algunos padres se espantan cuando les recomendamos incluir a sus chicos en el proceso de toma de decisiones de la familia. "Mis hijos son demasiado pequeños para tomar decisiones", declaran. O bien: "Lo que mis niños dicen es gracioso pero no muy pertinente." De hecho, cierta investigación ha demostrado que a partir del año de vida los niños pueden tomar y toman decisiones, y que la solución de problemas y la toma de buenas decisiones es un proceso aprendido, que requiere práctica desde muy tierna edad.

Según Donna Mumme, profesora asistente de psicología en la Universidad Tufts, "los bebés son agudos observadores de las otras personas y desde muy temprana edad pueden recabar información y tomar decisiones... niños [hasta de un año] toman decisiones con base en las relaciones emocionales de los adultos que los rodean".[3] Un estudio efectuado en la Universidad de Iowa dejó ver que niños en edad preescolar no sólo tomaban sus decisiones sopesando lo que consideraban mejor para ellos mismos —a corto y largo plazo— sino que también estas decisiones reflejaban la tolerancia de sus padres al riesgo.[4]

Nancy Garon, psicóloga de la Universidad Dalhousie corroboró que la capacidad de toma de decisiones de los niños mejoraba rápidamente entre los tres y los seis años y estaba directamente relacionada con las características de su temperamento los niños tímidos requerían que se les animara más a tomar decisiones que los niños extrovertidos, y con su sexo (las niñas eran mucho mejores para tomar decisiones).[5]

Obviamente, no puede usted incluir a su niño en el proceso de toma de decisiones de la familia hasta que pueda hablar con coherencia. "Papá" y "mamá" tal vez no sean aportaciones útiles en una discusión sobre si "deberemos mudarnos a Minneapolis". Hasta los seis años, las reacciones de los niños no se basan en el razonamiento, el planeamiento o la previsión de los adultos, que aún no tiene en ningún grado, y sus opiniones no tienen el mismo peso que las de éstos (quizá, de todas maneras, pronto perderá interés). Pero, con objeto de alentarlo a sentirse parte de la familia y aumentar el sentido de su propio valor, se le debe invitar al proceso, desde los tres años.

A menudo preguntamos a nuestros estudiantes: "¿Pueden ustedes recordar que alguien los haya invitado a dar su opinión acerca de algo cuando eran chicos?" Casi invariablemente, la respuesta es "no". Los padres con frecuencia están demasiado ajetreados o se sienten tan inseguros en su papel de padres o impotentes en otros asuntos que no tienen tiempo para informarse sobre los pensamientos y las ideas de los niños. Un informe de la Fundación Rowntree, del año 2004, "La Ciudadanía de los niños", subraya la necesidad de "convertir la participación en interacciones de rutina entre adultos y niños, en todos los entornos", como el hogar, la escuela primaria o el jardín de niños. Las consecuencias de no hacerlo así: los niños crecen incapaces de tomar decisiones bien informadas en áreas como la política, asuntos del consumo, drogas, medios informativos o compañeros de juego.[6]

Consejo: Para darle la oportunidad a su hijo de practicar la toma de decisiones diaria de manera sencilla, cuando esté usted en la tienda ofrézcale elegir entre alternativas específicas, como entre jugo de frutas o yogur. No le pida decidir con base en generalidades, como por ejemplo "algo que no sea demasiado caro".

EL CÓNCLAVE FAMILIAR

Puesto que su familia (incluyendo a todos los que viven con usted o participan de manera importante en sus vidas, como hijos adultos, cuidadoras o familia extensa) constituye una pequeña "tribu", es útil celebrar reuniones regulares a las que llamamos cónclaves familiares. El propósito del cónclave es llegar a un consenso sobre decisiones familiares, resolver problemas y (como también veremos en el capítulo 8) determinar las reglas y los papeles a desempeñar en el hogar. A menudo, estos asuntos son discutidos por los padres y por los adultos que tienen la responsabilidad final por los demás y la ultima decisión. A este grupo lo llamamos "consejo de ancianos".

Durante el cónclave familiar, un miembro del consejo de ancianos actuará como presidente de la reunión, y otro como secretario. Es importante que sus hijos vean que estas posiciones varían y que, por tanto, no se desarrollan estereotipos jerárquicos. Desde luego, no todas las decisiones son convenientes o apropiadas para el cónclave, pero las decisiones aprobadas pueden abarcar cualquier ámbito, desde a qué jardín de niños asistir y qué hacer durante las vacaciones, hasta revisar asuntos del presupuesto familiar. Comience por los aspectos que afectan a los niños pequeños, porque es probable que pronto deseen apartarse de la discusión. Aliente a todos a dar su opinión, aunque las decisiones finales deberán ser tomadas por consenso del consejo.

Cada decisión familiar analizada en el cónclave familiar deberá desarrollarse en cuatro etapas:

Proceso de toma de decisiones en el cónclave

1. Definan el problema y/o el objetivo deseado, empleando términos sencillos y específicos que todos comprendan. Evite las generalizaciones.
2. Profundicen en todas las opiniones. Asegúrense de que cada persona plantea sus argumentos y de que se le escucha atentamente, hasta a los más jóvenes.
3. Seleccionen la mejor alternativa posible, como grupo. Traten de obtener un consenso de todos los miembros, o bien, la decisión recaerá en el consejo de los ancianos.

4. Siga y aplique la decisión. Definen las acciones necesarias y quién las llevará a cabo, y programen el siguiente cónclave familiar.

CAPACITE A TODOS LOS MIEMBROS DE LA FAMILIA

El cónclave reduce de manera considerable la tensión y los conflictos familiares, al capacitar a todos los miembros y enseñarles a mostrarse francos, comprensivos y flexibles. Como cada persona sabe que se busca y se valora su opinión, se sentirá más comprometida con la decisión final. La investigación muestra que las familias que emplean este estilo de toma de decisiones en consenso mejoran su dinámica, satisfacción, autoestima y niveles de solución de problemas, al tiempo que reducen las tensiones, el estrés y la depresión.[7]

Los siguientes consejos le ayudarán a hacer más eficaz el cónclave familiar.

- Elija, para el cónclave, un momento en que todos los miembros de la familia puedan participar plenamente.
- Exija que todos los participantes muestren respeto a cada miembro de la familia, aún a los más pequeños, como personas con sus propios derechos y necesidades.
- Conceda tiempo para que cada persona exprese bien sus ideas y sugerencias. Tenga paciencia, éste es un proceso de aprendizaje para todos ustedes.
- Enseñe a todos los miembros a escuchar activamente los puntos de vista de otros. Dirija este proceso repitiendo lo que usted cree que dijo la otra persona, además de comprobar si todos comprendieron lo que usted dijo.
- Establezca objetivos realistas. Asegúrese de que las metas que escoge su familia son razonables y pueden ser alcanzadas en un tiempo adecuado. Para evitar conflictos, no deje de adver-

tir que es demasiado fácil que algún miembro de la familia diga "sí, sí" cuando en realidad esta pensando "tal vez, tal vez" o "no, no".

- Cuando surjan conflictos, hágales frente con toda calma. No evada un tema sólo porque enciende los ánimos. Si alguien se enoja o se altera, anímelo a expresar sus sentimientos, pero aplace el intento de resolver el problema hasta que todos puedan enfocarlo en forma positiva y constructiva. Si siente que esta saliéndose de sus casillas, deténgase. No vuelva a comenzar hasta que pueda comunicarse con calma.

- Evite las críticas, los gritos, las censuras o los apodos. Asegúrese de que todos comprendan que estas actitudes van contra las reglas, y no serán toleradas.

PONGA EN PRÁCTICA EL CÓNCLAVE FAMILIAR

Ted y Marcie Rose tienen tres hijos: Katie, de 12 años; Courtney, de 10 y Timothy, de cinco. Marcie fue víctima de la depresión durante muchos años y resolvió que sus hijos no debían sufrir lo que ella había sufrido.

Bajo la guía de Alicia, Marcie puso en práctica muchas técnicas antidepresivas para ella y su familia, incluyendo el cónclave familiar. "Desde que nos casamos, Ted y yo apartamos un tiempo para analizar regularmente cualquier problema que tuviéramos, cuáles eran nuestras necesidades mutuas y qué enfoque conjunto debíamos tomar sobre asuntos como a quién visitaríamos durante la Navidad", dice.

Esas reuniones eran siempre abiertas, y cuando nuestros hijos aprendieron a andar, ya sentían curiosidad. A menudo Katie venía y se sentaba en mis piernas mientras Ted y yo estábamos en plena reunión, por lo que se acostumbró a estar allí. Desde luego, no siempre estaba tranquila, pero le gustaba sentirse parte del asunto. Courtney y Timothy se unieron al cónclave de manera muy parecida.

"El cónclave se ha convertido ahora en un ritual familiar semanal, y Katie y Courtney a menudo traen listas de temas para discutir, de las decisiones que desean tomar y de lo que necesitan de Ted y de mí. No es que no planteen asuntos en otros momentos. Simplemente saben que en estas reuniones recibirán toda nuestra atención, y que cuando nos hemos puesto de acuerdo en algo, eso se hará. Las sugerencias de las niñas son cada vez mejores, y las adoptamos. Hasta Timothy ha tenido algunas formidables ideas, como la de que la familia tenga una velada de juegos los domingos por la noche. Pegamos en el refrigerador un recordatorio de los acuerdos a los que hemos llegado, con todas nuestras firmas: hasta Timothy insiste en poner su garabato."

UN FORO PARA LAS NECESIDADES

El cónclave ofrece una oportunidad para alentar a cada miembro de la "tribu" a presentar sus necesidades al resto del grupo y a aprender a responder de manera apropiada a las necesidades de otros. Una necesidad no es una orden. El hecho de que alguien tenga una necesidad no necesariamente significa que otro tiene que satisfacerla. Dice Marcie: "Cuando uno de nosotros presenta una necesidad que afecta al resto de la familia, todo el mundo tiene que dar su opinión. Justo la semana pasada, yo dije: 'Necesito que todos vengan conmigo para elegir un sofá nuevo, pues el que tenemos ya esta muy viejo'." Las niñas estuvieron de acuerdo de inmediato, pero Ted dijo que, en su opinión, de momento no podíamos permitirnos comprar un sofá nuevo y, por tanto, no le veía ningún objeto.

"Dije que para mí era importante tener un hogar presentable. En este punto, Courtney intervino: '¡Hagamos un presupuesto!' (*presupuesto* es una palabra que a menudo había oído decir a su padre cuando hablaba de su trabajo o de los gastos del hogar). Katie pregunto a Ted cuánto podíamos gastar, y antes de que él tuviera oportunidad de contestar, Tim sugirió un trillón de dólares (no estoy seguro de que sepa lo que significa *trillón*, es una palabra que había oído recientemente). Ted le explicó que, en general, los sofás no cuestan mucho a menos que, desde luego, los estén comprando para los militares. Finalmente, nos pusimos de acuerdo en mil dólares. El acuerdo al que llegamos todos fue: 'Todos compraremos un sofá nuevo en el entendimiento de que sólo gastaremos como máximo mil dólares'."

Nadie se rió de Timothy por haber sugerido un presupuesto de un trillón de dólares; en cambio, su propuesta fue tomada en serio y por ello no tendrá miedo de presentar, en el futuro, sus ideas ante la mesa. Su autoestima aumentará por el modo en que se le escuchó y esto, a su vez, elevará su nivel de optimismo.

En el próximo capítulo daremos a usted más consejos sobre cómo emplear las necesidades para establecer reglas que seguirá toda la familia... además, presentaremos dos elementos vitales para el bienestar de las familias pero que a menudo se les pasa por alto: funciones y rituales.

NOTAS

[1] Colin Turnbull, *The Forest People*, Pimlico, London, 1993.

[2] Douglas W. Bird, *et al.*, "Mardu Children's Hunting Strategies in the Western Australian Desert", ensayo presentado para CHAGS, University of Maine, 2000.

[3] Donna L. Mumme y Anne Fernald, "The Infant as Onlooker: Learning from Emotional Reactions Observed in a Television Scenario", *Child Development*, 74, núm. 1, 2003, pp. 221-237.

[4] Irwin P. Levin y Stephanie S. Hart, "Risk Preferences in Young Children: Early Evidence of Individual Differences in Reaction to Potential Gains and Losses", *Journal of Behavioral Decision Making*, 16, núm. 5, 2003, pp. 397-413.

[5] Nancy Marie Garon, "Future Oriented Decision Making in Childhood", tesis doctoral, Universidad Dalhousie, 2004.

[6] Carolyn Willow, *et al.*, "Young Children's Citizenship", Joseph Rowntree Foundation, Londres, 2004.

[7] R.J. Fetsch y T. S. Zimmerman, "Marriage and Family Consultation with Ranch and Farm Families: An Empirical Family Case Study", *Journal of Marital and Family Therapy*, 25, núm. 4, 1999, pp. 485-501.

8

PASO 5:
ESTABLEZCA REGLAS,
FUNCIONES Y RITUALES

*

Un niño es el producto de la red de relaciones que lo rodean. Refleja el contexto de sus padres, hermanos, parientes, cuidadores, amigos de la familia y, en menor grado, de la sociedad en que se encuentra. Si ese contexto es armonioso y optimista, es muy probable que también él lo sea. Si quienes conforman ese entorno son personas tristes, soberbias, sin control, críticas o ausentes, el niño también reflejará todo esto.

El fundamento más importante de unas relaciones armoniosas son las reglas, las funciones y los rituales. En conjunto, forman el pegamento que mantiene unido a cualquier grupo social, sea una pareja, familia, amigos, clubes o asociaciones, empresas o sociedades. Cada uno de estos acuerda reglas de conducta, las funciones para sus miembros, y los ritos que los unen. Sin ellos, toda unidad social estará fuera de control, lo que fomenta su disolución, un alto estado de depresión o de angustia y/o el surgimiento de un tirano abusivo.

Un padre violento y autoritario, un dictador como Adolfo Hitler, es producto de una familia fuera de control que gobierna porque los otros —o una parte considerable de la micro o macro sociedad— cree que su mundo está fuera de control. Los hijos de familias semejantes muy probablemente serán personas deprimidas, o tiránicas, o las dos cosas.[1]

Bjørn Grinde observa en su libro *Darwinian Happiness* que "el cerebro no nace en su forma final: está diseñado para madurar mediante la interacción con su entorno".[2] Las reglas familiares, las funciones y los ritos son los que regulan el entorno de un niño y permiten que su cerebro se desarrolle como debe.

LAS REGLAS DEL HOGAR

No hace mucho tiempo a Bob se le pidió ayudar a una familia que se encontraba en estado de caos. Naomi Thompson y su esposo, Bryce, peleaban constantemente. Ambos trabajaban largas horas: Naomi como bibliotecaria de medio tiempo y propietaria de un negocio establecido en su hogar, y Bryce como empleado de una gran empresa constructora. Cameron, su hijo de ocho años, mentía a sus padres y provocaba a su hermanita de cinco años, Miranda, quien daba señales de depresión, tenía dificultades para hacer amigas y rara vez hacia lo que se le pedía.

"¿Cuáles diría usted que son las reglas de la casa?", preguntó Bob en su primera sesión. Naomi y Bryce se miraron.

"¿Se refiere a las reglas que establecemos para los niños?", sugirió Naomi.

"No. Cuáles son las reglas que se aplican a todos los miembros de la casa", insistió Bob.

"No somos nosotros los que necesitamos reglas", dijo Bryce, airado. "No somos Naomi y yo quienes estamos fuera de control."

A menudo, los padres piensan, erróneamente, que las reglas son sólo para los niños. Ellos, siendo adultos, dominan las cosas, y saben bien cómo portarse de manera apropiada. Los padres pueden sentir que unas reglas familiares que se apliquen a ellos resultarían demasiado restrictivas y los atraparían, pero lo cierto es justo lo opuesto. Tener un conjunto de reglas acordadas resulta liberador, porque aumenta la propia seguridad. Nadie se siente seguro en una relación si no sabe cómo reaccionará la otra persona en diversas circunstancias. Contar con reglas aplicadas congruentemente también proporciona un sentido de límites y, por ello, de seguridad en la familia. Permite al niño desarrollar un poderoso sentido de control interno y así, no necesitará dominar a la gente en sus relaciones ulteriores.

Pronto descubrió Bob que Bryce era autoritario, con un enfoque en la disciplina de "lo que yo digo se hace". Y, sin embargo, por no ser siempre coherente, y dado que sus reglas y su aplicación dependía de su humor o de su capricho, no se las obedecía, y los niños no podían sentirse seguros.

Ni siquiera eran congruentes o claros Bryce y Naomi entre sí, lo que con frecuencia daba por resultado acusaciones como "deberías saberlo" y "¡pero nunca lo dijiste!" Naomi parecía dudar en aplicar cualquier regla, enviando así a los niños mensajes todavía más confusos. La falta de claridad y de límites en el hogar se reflejaba en los problemas de conducta de los niños. Parte de lo que evita que un niño se deprima es un conocimiento seguro de las reglas y de las consecuencias de violarlas. Los niños Thompson no tenían una idea clara de lo que se esperaba de ellos, salvo tener miedo a su padre cuando se enojaba. Dado que Bryce criticaba, a menudo, a su esposa, también lo hacían los niños. El hijo de Bryce adoptó la ira de su padre y la vertió en su hermana, única de menor "categoría" que él. Cada uno de los hermanos culpaba al otro por todo lo que saliera mal... tal como lo hacían sus padres entre ellos.

"¿Cómo podemos identificar cuáles son las reglas, o cuáles deben ser?", preguntó Naomi a Bob, pasando por alto la mirada desaprobatoria de su marido.

Bob explicó que las buenas relaciones se edifican sobre la satisfacción mutua de las necesidades y que cuando un miembro de una familia expresa una necesidad a otro miembro o a toda la familia, y se acuerda satisfacer esa necesidad, el convenio resultante se convierte en regla de la casa. Insistió en que esas necesidades deben expresarse claramente, y que debe llegarse a un acuerdo. Aunque Naomi y Bryce, como adultos responsables, tenían la última palabra, aplicar las reglas sería mucho más fácil si hacían que los niños participaran en el proceso. Como estaban las cosas, esto parecía todo un reto.

La pareja aceptó poner a prueba nuestro sencillo plan de tres pasos para establecer reglas que satisfagan a toda la familia:

Establecimiento de las reglas del hogar

1. Comenten sus necesidades y pónganse de acuerdo sobre las reglas básicas del hogar. Esta discusión debe hacerse entre los padres (y otros miembros del consejo de ancianos). Lo mismo que las necesidades, las reglas deben ser concretas, factibles, orientadas a la acción y apropiadas. De particular importancia es que las reglas sean "apropiadas" en un hogar con personas de muy diversas edades.
2. Discutan y negocien las reglas con toda la familia en el cónclave familiar, haciendo adiciones y adaptaciones. Lleven una lista escrita de las reglas del hogar.
3. Aplique congruentemente las reglas, con consecuencias claras, y revíselas en los cónclaves periódicos.

ACUERDOS ENTRE LOS PADRES

El primer paso hacia una familia más funcional es que el consejo de ancianos —en este caso, ambos padres— se reúnan y expresen mutuamente sus necesidades y algunas reglas básicas para toda la familia. Difícil fue lograr que Bryce reconociese siquiera que tenía necesidades, ya no digamos que las expresara. Sin embargo, a la postre, logró comunicar a Naomi algunas de sus necesidades básicas: "Necesito que me seas fiel" y "necesito que no me mientas".

Bob preguntó a Naomi si aceptaría satisfacer esas necesidades, y ella dijo que sí. "Muy bien", dijo Bob. "Ésas son las primeras reglas de la relación. ¿Creen ustedes que la necesidad de no mentir puede extenderse a todos los que viven en la casa? ¿Es una necesidad que también tienen ustedes de sus hijos?"

"¡Claro!", dijo Bryce. "¡Ya se lo he dicho muchas veces!"

"Pero sólo del mismo modo que ha hecho usted algunas otras demandas a las que luego no se apegó", dijo Bob. "Ellos no pueden saber cuál es una regla de la casa y cuál es su capricho. Tal vez obedezcan momentáneamente, por miedo, pero no respetarán una regla que usted haga."

"Eso es cierto", dijo Naomi. "Y en cuanto les das la espalda, hacen lo que quieren."

Al terminar la primera sesión del consejo de ancianos, la pareja había anotado una lista de reglas que se discutirían en el primer cónclave familiar:

- No mentir.
- No criticar ni humillar a nadie, incluidos los miembros de la familia y maestros.
- No maldecir.
- No llevar zapatos sucios en la casa.
- Mantener limpia la propia habitación.

ORDEN EN LA CASA

En el primer cónclave familiar, cuando se introdujo la regla de "no mentir", Cameron se mostró malhumorado. Sin embargo, pareció animarse cuando se le aseguró que la regla también se aplicaba a su papá, su mamá y su hermanita, y finalmente se mostró de acuerdo. Ambos niños discutieron, pidieron mantener sus habitaciones tan desordenadas como quisieran. Naomi estuvo de acuerdo, a condición de que no introdujeran alimentos en los dormitorios, y de que los niños —y Bryce— recogieran las cosas en las áreas comunes.

La pequeña Miranda, de cinco años, añadió una regla que asombró a sus padres: "Nadie le pegue a nadie." Tal fue el primer atisbo que tuvieron Bryce y Naomi de hasta donde llegaba la agresividad de Cameron. Con ayuda de Bob, Bryce comprendió que su lenguaje y amenazas de castigo físico habían contribuido a la conducta agresiva de su hijo. Naomi se dio cuenta de que haber dejado a su marido el asunto de la disciplina también la había influido. Ambos resolvieron adoptar un enfoque mejor estructurado, de colaboración y que a la postre traería más armonía a sus vidas.

 Consejo: Coloque la lista de reglas de la casa en el refrigerador o en un pizarrón.

APLICACIÓN DE LAS REGLAS

Como lo señaló en 1986 el célebre conductista B. F. Skinner, en un artículo intitulado "Lo que esta mal en la vida cotidiana del mundo occidental", no tiene ningún objeto contar con reglas sin la decisión y el mecanismo necesarios para aplicarlas.[3] Aunque a los niños en realidad les gusta el orden, al principio probablemente se resistirán a las instrucciones que les dé, aunque sólo sea para ver si usted se mantiene firme en su papel de padre y, así, les ofrece seguridad. Además, tanto adultos como niños se resisten al cambio. Si quiere enseñar a sus hijos que su conducta en el mundo real tiene consecuencias —por ejemplo, que si no se presentan a trabajar no recibirán paga—, necesitará empezar a demostrar, de manera cariñosa, que las acciones causan que ocurran ciertas cosas.

Como las reglas mismas, las consecuencias por violarlas deben ser analizadas y, de ser posible, aprobadas por todas. También deben ajustarse a ciertas normas:

- Las consecuencias deben ser aplicadas congruentemente.
- Las consecuencias deben ser apropiadas a la conducta. Esto parece obvio, pero a veces se aplican castigos severos por faltas triviales.
- Las consecuencias deben aplicarse a todo miembro de la familia, aunque puedan diferir. Por ejemplo, para un niño consecuencia de violar la regla de "no maldecir" pueden ser prohibirle uno de sus programas favoritos de televisión, y para un adulto, donar cinco dólares para el fondo de vacaciones de la familia.
- Nunca es apropiado el castigo físico. Las bofetadas, las sacudidas, los golpes, bastonazos y ataduras son formas de abuso físico. Un niño del que se ha abusado puede volverse un adulto deprimido, abusivo u objeto de abuso.
- Nunca es apropiado el abuso verbal, que incluye críticas, y humillaciones, las cuales pueden causar depresión y pérdida de autoestima (tanto en adultos como en niños).
- Negar alimentos nunca debe emplearse como castigo (sin embargo, está bien negarle el postre a un niño si no tomó sus alimentos). Desde muy temprana edad, el alimento y el amor se equiparan, y la negativa de alimento es el equivalente del retiro del amor.

Ejemplos de consecuencias no dañinas para los niños son: exclusión de cierta actitud, la prohibición de ver programas de televisión; limitación del tiempo para el uso de computadoras o juegos electrónicos; el encierro en la casa durante cierto periodo; la cancelación de una actividad recreativa programada, o tener que hacer trabajo extra en la casa.

El cónclave es el foro ideal para que la familia se ponga de acuerdo sobre las consecuencias por las trasgresiones, así como para convenir en las reglas. Estas decisiones pueden y deben ser revisadas en los siguientes cónclaves. En realidad, los niños tienen gran inventiva —a veces, se pasan— al sugerir consecuencias. Miranda propuso que si llegaba a la casa con los zapatos sucios puestos "¡Deberé andar descalza para siempre!" Esto fue cambiado a tener que limpiar después el piso.

Los Thompson necesitaron algunos meses para acostumbrarse al nuevo orden y, desde luego, hubo problemas cuando los niños pusieron a prueba la resolución de sus padres. Pero al final, padres e hijos se acercaron mucho más unos a otros, y prácticamente cesó la conducta negativa.

DEFINICIÓN DE LAS FUNCIONES

Desempeñar una función dentro de la familia, o dentro de cualquier grupo, es esencial para adquirir un sentido de pertenencia y de estima. Sin una función clara, cualquiera se sentirá en peligro de exclusión y correrá el riesgo de deprimirse.

Las investigaciones del doctor James Nazroo, del University College de Londres, y de otros especialistas, han demostrado que menospreciar o denigrar la función de una persona en la familia es una de las principales causas de la depresión, más entre mujeres.[4] El riesgo de un episodio depresivo después de una crisis relacionada con uno de los papeles tradicionales de la mujer en las áreas de crianza de los niños, administración de la casa y la reproducción era cinco veces mayor que si el hombre se enfrentara a una crisis respecto a uno de sus papeles tradicionales, como el proveedor económico.[5]

Según un estudio, los deportistas que pierden la certidumbre de su función en su equipo también pierden el sentido de pertenencia al equipo, autoestima y de competencia, y se deprimen.[6] De acuerdo con una investigación hecha por la profesora de desarrollo humano Elizabeth Vandewaters, de la Universidad de Texas, y otros investigadores, unas funciones bien definidas, aceptadas y apreciados no sólo nos dan seguridad sino que permiten el debido desarrollo de la personalidad en el curso de toda una vida.[7]

Los profesores asociados de psicología Stacey Tantleff-Dunn y su esposo Mike Dunn, de la Universidad de la Florida Central, desempeñaron sus funciones de manera consciente pero no rígida. "Fue importante reconocer pronto que en una asociación, aun cuando sea equitativo, no es necesario que cada uno hacia la mitad de toda las cosas", nos dijo Stacey Tantleff-Dunn. "Hubo algunas cosas que Mike hacía espontáneamente, como sacar la basura o cortar los arbustos, y otras cosas que yo hacía rutinariamente, como el lavado de la ropa y programar las revisiones médicas, el corte de cabello y similares. Creo que la clave de nuestra felicidad fue *no* llevar un marcador, así como evaluar y apreciar las contribuciones del otro para mantener a flote nuestro hogar.

"Dado que Mike no tolera muy bien el ser privado del sueño y yo parezco funcionar bastante bien aun si dormí poco, siempre me levantaba yo para atender al bebé a medianoche, pero luego él me relevaba para que yo descansara en la mañana. Rara vez tuvimos que negociar las responsabilidades asignadas, pero hicimos un esfuerzo por comunicarnos nuestras necesidades y cuidar del otro. Dicho todo eso, puedo recordar unas cuantas veces en que me sentí abrumada, engañada o infravalorada, y me 'comuniqué' en formas que no eran eficaces. Mike, sabiamente, aprendió a no ser tan estricto y a reaccionar a mis necesidades, inapropiadamente expresadas, más que a mis palabras."[8]

Las familias en que los padres tienen una relación estable y un poderoso nexo entre ellos y los hijos mayores, las funciones a menudo evolucionan con toda naturalidad. En situaciones nuevas (como el nacimiento de un hijo), mientras los miembros de la familia aun están aprendiendo las facultades de comunicación y estableciendo el proceso de toma de decisiones, el cónclave puede ser un excelente foro para reconocer y convenir papeles y asignar las tareas respectivas.

Los papeles, para ser funcionales, deben cumplir con las siguientes normas:

- Estar claramente definidos, con tareas específicas, y con tan poco traslape como sea posible (¿cortar el césped incluye barrer la banqueta?)
- Ser aprobados por toda la familia, especialmente por la persona que adopta cada papel (los papeles pueden volverse causa de fricción si un miembro de la familia recibe uno que no le gusta).
- De ser posible, reflejar las habilidades o competencias naturales de cada persona.
- Ser reconocidos por todos como importantes (no existen funciones "menores"; cada una es importante, aunque sólo sea para la persona que la desempeña. Debe elogiarse el cumplimiento de lo que supone cada papel).
- Tomar en cuenta la diferencia de sexos.

Consejo: Inicie una discusión en el cónclave familiar acerca de los papeles de cada uno, preguntando a cada quien cuáles considera que son sus funciones en este momento y si está contento con ellas.

LA FUNCIÓN DEL PADRE EN LAS FAMILIAS MODERNAS

La función tradicional del padre está cambiando y es mucho más compleja que antes. El hecho de que un padre tenga expectativas confusas acerca de su papel en la vida familiar produce un creciente estrés y, en muchos casos, depresión.

Por ejemplo, la investigación moderna sugiere que el índice de muerte es 83 por ciento mayor entre hombres que están adoptando el papel de "amos de casa", sobre todo por enfermedades del corazón.[9] En esta situación de función invertida, en particular si un hombre siente que se le ha impuesto un papel no deseado, perderá su autoestima y mostrará soberbia y resentimiento. Kathi Miner-Rubino, profesora de psicología de la Western Kentucky University, observa: "Los hombres cuyas sensaciones de poder, confianza e identidad personales derivan del papel de proveedor pueden resistirse a dejar un empleo remunerado y, como resultado, empezar a cuestionar 'quiénes son' y su valía personal."[10] Esto no significa que los hombres no deban participar en las tareas domésticas, sino que nadie debe ser obligado a aceptar funciones para las cuales se siente inapropiado, ni haciéndolo sentir culpable ni mediante la presión social.

La llegada de un primer o incluso un segundo y un tercer hijo ejerce un importante impacto sobre el papel del padre, así como sobre su relación con su pareja. En el artículo, frecuentemente citado "La conexión entre padre e hijo: una lucha del hombre contemporáneo" en *Psychiatric Times,* el profesor Robert Moradi de la UCLA, escribió: "Cuando el bebé nace, el padre se encuentra con que es el número dos o que es un extraño para la madre y el bebé. El gran amor es entre madre e hijo. Avergonzado de competir con el bebé y sintiéndose traicionado por su esposa, se siente poco amado, poco reconocido y sólo útil para satisfacer las necesidades de [madre y bebé]...

"Si no se toma en cuenta debidamente la sensación de pérdida respecto a la relación con su esposa, y no se toma conciencia de los aspectos positivos de ser padre, el hombre tratará de resolver este conflicto de las maneras habituales para sobrevivir al ataque (emocional). Por ejemplo, un hombre se pondrá a trabajar más e intentará, inconscientemente, recuperar a su esposa... haciendo más y mejor lo que sabe hacer; otro hombre abandonará la lucha y buscará consuelo en un amorío o en las drogas; otro más recurrirá a una compensación creando su propio 'bebé', por ejemplo, construir, inventar, producir y expandirse en el mundo físico o espiritual."[11]

En esta etapa, lo ideal es que el padre ofrezca apoyo incondicional a su pareja mientras ella establece el vínculo con el bebé, preguntar claramente lo que ella necesita y dedicar más tiempo a los hijos mayores. Si aún no lo ha hecho, deberá decidir a qué tipo de actividades querrá dedicarse, y cómo y cuánto tiempo deseará pasar con cada uno de sus hijos (si cambiar pañales no es para él, ¡que lo diga!). Si ha decidido ser el cuidador principal del niño, es vital que reciba suficiente información y apoyo de su pareja, sus amigos y, tal vez de un grupo de padres e hijos. Cualquiera que sea su papel, deberá insistir en que su pareja reconozca y elogie sus esfuerzos, y que no se olvide de mantener los rituales de amor que unen a la pareja.

Más adelante, adoptar un papel activo y comprometido, y dar una atenta protección al niño, como nos lo recuerda Moradi, ayudará al padre a volverse "más competente, a tener más altos grados de compasión hacia los demás, a manifestar menos ideas estereotipadas sobre el sexo y a tener un control interno más sólido". Además, "dentro de la conexión empática aprendida por la paternidad, los hombres tienen la oportunidad de desarrollar su propio sentido de masculinidad madura".[12]

 Consejo: Nadie debe aceptar un papel para el que no se sienta cómodo. Sea franco y concreto al expresar sus necesidades y funciones elegidas.

FUNCIONES Y RESPONSABILIDADES DE LOS NIÑOS PEQUEÑOS

Es apropiado que los niños de más de tres años asuman ciertas funciones; desde los seis, estos papeles podrán contribuir, incluso, al bienestar o a la economía de la familia.

Por ejemplo, Cameron, de ocho años, orgullosamente se ofreció a adoptar el papel de mensajero de su mamá en su negocio doméstico, de medio tiempo. Se le encargó ir en bicicleta hasta el buzón más cercano para enviar la correspondencia y asegurarse de que había suficiente dinero en la "caja chica" para el gasto en estampillas. Él tomó muy en serio este gesto de confianza y empezó a informarse del costo de otros gastos de la empresa. Miranda rogó encargarse de pegar las estampillas en los sobres (su hermano aceptó), y minuciosamente cumplió con su función, sintiéndose muy frustrada si otra persona de la familia ponía una estampilla en un sobre. Naomi y Bryce explicaron lo importante que era para el bienestar económico de la familia, hacer el presupuesto y enviar cartas y elogiaron mucho este trabajo.

Un niño deprimido, físicamente enclenque y que había sido opacado por sus atléticas hermanas mayores, salió de su "concha" cuando su padre le asignó un papel tradicionalmente masculino y que puso en relieve la habilidad natural del niño. Notando lo mucho que al niño le gustaba desarmar y volver a armar sus juguetes, su padre lo nombró "ayudante del mil usos" y le pidió que le ayudara a arreglar cosas por toda la casa, entregándole los destornilladores necesarios y otras herramientas pequeñas. Esto hizo florecer la confianza del niño en sí mismo, y en su relación con su padre.

Otras responsabilidades para niños de menos de seis años son las siguientes:

- Poner la mesa.
- Alimentar y dar agua a las mascotas.
- Recoger el periódico.
- Doblar y guardar las toallas.
- Recoger los juguetes.
- Tender la ropa.
- Arreglarse (lo que incluye vestirse, cepillarse los dientes y peinarse).

> *Consejo: Las "tareas" no deben llamarse así sino considerarse parte de funciones únicas. Las "tareas" encuentran resistencia, no así los papeles.*

RITUALES QUE UNEN

Ocupémonos ahora de los rituales. La antigua frase "la familia que reza junta continúa junta" tiene mucho de verdad. Y como todos los rituales, la oración comunitaria intensifica los nexos entre los participantes.

Casi todas las familiar tienen hábitos y costumbres, pero a menudo no son verdaderos rituales. En su libro *Secular Wholeness: A skeptic's Path to a Richer Lif*, David Cortesi explica lo que hace especiales los rituales: "Un acto se vuelve un ritual para usted cuando lo efectúa con plena conciencia de su significado simbólico y emocional, y con absoluta aprobación de esos significados. A menos que actúe usted con conciencia y aprobación, su acto será simplemente un hábito (si es algo exclusivo de usted) o una costumbre (si lo comparte con otros)."[13]

Dado que no hay unidad social que funcione sin rituales, la necesidad de tenerlos parece estar incluida en nuestros genes. Recientes estudios de la doctora Barbara Fiese, de la Universidad Syracuse, descubrieron que los rituales tienen beneficios enormes, como un aumento de la satisfacción marital y de la salud mental y física. Los niños criados en familias que tienen rituales desarrollan más seguridad en sí mismos que quienes crecen sin ellos.[14]

Desde luego, los rituales basados en la fe son muy poderosos y se ha demostrado que fomentan familias fuertes, resistentes y duraderas. Sin embargo, como dice Cortesi, casi cualquier aspecto de la vida familiar puede convertirse en un ritual, siempre que sus miembros estén de acuerdo. En *Drawing Families Together One Meal at a Time*, los autores Jill y Neal Kimbal (con Stacey Tantleff-Dunn y Michael Dunn) enumeran cierto número de rituales que pueden establecerse en torno de las comidas en familia. Éstos incluyen encender velas antes de una comida especial; aprovechar la hora de la comida en familia para celebrar acontecimientos como perder un diente, anotar un gol, obtener un nuevo empleo o pasar un examen; turnarse eligiendo un tema de conversación a la mesa, y hacer comidas alrededor de un tema sugerido alternadamente por los miembros de la familia.[15]

Los rituales en torno de la mesa parecen adquirir una importancia extra cuando son compartidos con la familia extensa y con amigos, como durante Yom Kippur, Navidad o el día de Acción de Gracias. Pero no tiene que esperar un día de guardar o una fiesta: nosotros apartamos una noche cada semana para compartir una cena informal, frecuentemente improvisada, con personas que queremos.

Reglas, funciones y rituales unen a la familia. En el próximo capítulo veremos cómo un simple hábito puede transformarla por completo.

NOTAS

[1] A. Knafo, "Authoritarians, the Next Generation: Values and Bullying Among Adolescent Children of Authoritarian Fathers", *Analyses of Social Issues and Public Policy*, 3, núm. 1, 2003, pp. 199-204.

[2] Bjorn Grinde, *Darwinian Happiness: Evolution as a Guide for Livingand Understanding Human Behavior*, Darwin Press, Princeton, NJ, 2002, p. 99.

[3] B. F. Skinner, "What's Wrong with Daily Life in the Western World", *American Psychologist*, 41, núm. 5, 1986, pp. 568-574.

[4] James Y. Nazroo, "Exploring Gender Difference in Depression", *Psychiatric Times*, 18, núm. 3, 2001.

[5] James Y. Nazroo, *et al.*, "Gender Differences in me Prevalence of Depression: Artefact, Alternative Disorders, Biology

or Roles?", *Sociology of Health and Illness*, 20, núm. 3, 1998, pp. 312-330.

[6] Mark R. Beauchamp, *et al.*, "Role Ambiguity, Role Efficacy, and Role Performance: Multidimensional and Mediational Relationships Within Interdependent Sport Teams", *Group Dynamics: Theory, Research and Practice*, núm. 3, 2002 pp. 229-242.

[7] Elizabeth A. Vandewater, *et al.*, "Predicting Women's Well-Beimg en Midlife: The Importance of Personality Development and Social Role Involvements", *Journal of Personality and Social Psychology*, 72, núm. 5, 1997, pp. 1147-1160.

[8] Stacey Tantleff-Dunn, entrevista con el autor, 9 de diciembre de 2004.

[9] Elaine Eaker, estudio para la American Heart Association, publicado en "House Husbands' Heart Risk", *BBC News Online*, 24 de abril de 2002.

[10] K Miner-Rubino, *et al.*, "Gender, Social Class, and me Subjective Experience of Aging: Self-Perceived Personality Change from Early Adulthood to Late Midlife", *Personality and Social Psychology Bulletin*, 30, núm. 12, 2004, pp. 1599-1610.

[11] S. Robert Moradi, "The Father-Child Connection: A Struggle of Contemporary Man", *Psychiatric Times*, 14, núm. 1, 1997.

[12] *Ibid.*

[13] David E. Cortesi, *Secular Wholeness: A Skeptic's Path to a Richer Life*, Trafford, New Bern, NC, 2002, p. 62.

[14] Barbara H. Fiese, *et al.*, "A Review of 50 Years of Research on Naturally Occurring Family Routines and Rituals: Cause for Celebration?", *Journal of Family Psychology*, 16, núm. 4, 2002, pp. 381-390.

[15] Jill Kimball, *et al.*, *Drawing Families Together One Meal at a Time*, Active Media Pub, Orlando, FL, 2003.

9

PASO 6:
CREAR UNA CULTURA FAMILIAR
DEL ELOGIO APROPIADO

*

Adoptar el hábito de elogiar implica retribuciones notables y continuas para todos los miembros de la familia. El elogio beneficia tanto al que lo da como al que lo recibe. El que lo recibe obtiene un refuerzo a su autoestima y, si fue elogiado por hacer bien algo, también su seguridad en sí mismo. El que lo da obtiene una recompensa no menos valiosa: ver cómo se iluminan las caras de sus seres queridos y fortalecer una relación. Ambas partes reciben una "inyección" de alegría neuroquímica.

Lo extraño es que muy pocas familias cuentan con una cultura del elogio. Los padres nos dicen a menudo que tratan de no elogiar demasiado a sus chicos para no darles una idea "inflada" de sí mismos. Esto es un absurdo. Lo que los niños recibirán si no se les elogia será una idea de su valor y capacidad. La mayor parte de nuestros clientes deprimidos carecieron de elogios y fueron muy criticados cuando niños. La depresión y el pesimismo no parecen brotar de familias donde se hacen elogios apropiados.

EL ELOGIO APROPIADO

Existen tres tipos de elogios. Cada uno es necesario en el momento debido y cada uno puede ser dañino si es el único que recibe un niño o adulto.

1. Elogio por un logro (lo que hace).
2. Elogio por el proceso (por cómo lo hace).
3. Elogio a la persona (por ser quien es).

Elogio por el logro

Es el más común. Cuando usted considere que alguien, en especial su hijo, ha hecho bien algo, dígaselo. Del elogio es de donde una persona obtiene la confianza en su capacidad, uno de los ocho fundamentos de la felicidad. Sólo puede resultar contraproducente cuando es el único tipo de elogio que se prodiga.

Muchos altos ejecutivos que sacrifican su vida familiar y su salud en aras del trabajo arduo y el éxito fueron elogiados, cuando niños, sólo por logros, habitualmente los más notables: aprender a andar, obtener las más altas calificaciones o ganar en los deportes. Les resulta difícil comprender que tienen un valor intrínseco y a menudo lo que les impulsa es el terror al fracaso... que consideran como todo lo que no sea un éxito resonante. Éstos son los valores que no pueden evitar transmitir a sus hijos, que además desarrollarán un sentido de abandono si es que uno de los padres o ambos trabajan durante largas horas. Otros se centran tanto en el miedo al fracaso que nunca experimentan ningún éxito, y también este rasgo puede ser transmitido por generaciones... con la depresión concomitante.

El elogio al logro pierde su poder si se le emplea indiscriminadamente: por ejemplo, si la frase "¡eso fue fantástico!" se aplica a todo por igual, desde terminar de comer hasta montar en bicicleta por primera vez. Esto devalúa el esfuerzo que el niño puso en aprender una habilidad nueva y difícil. Un estudio efectuado en 2003, encabezado por el profesor Roy Baumeister de la Universidad del Estado de Florida, mostró cómo el elogio indiscriminado por logro, lejos de aumentar la autoestima, puede "promover el narcisismo y sus poco deseables consecuencias", como un extremo ensimismamiento, la incapacidad de ganarse amigos o de comportarse debidamente en situaciones sociales, una ira irracional contra otros y falta de interés en aprender.[1]

> *Consejo: En general, los niños en edad preescolar reciben más elogios por sus logros que los niños mayores, que tienden a volverse más pesimistas.[2]*

Elogio por proceso

La psicóloga Carol S. Dweck, de la Universidad de Columbia, ha mostrado que lo que ella llama "elogio al proceso" —por esfuerzo, inventiva o constancia— es el más efectivo. Por ejemplo, al elogiar a alumnos pequeños, dice Dweck, "tiene que apreciar lo que contribuyó a producir lo que los alumnos produjeron: las ideas, las estrategias, las elecciones, el desarrollo y la ejecución del proyecto".[3]

El elogio al proceso no considera los resultados y ayuda a los niños a mejorar en sus tareas. Si un niño es elogiado por esforzarse mucho, aunque haya obtenido una calificación mediocre, lo probable es que la próxima vez obtenga una mejor.[4] También aprende que es importante el *cómo* hace las cosas. Seguirá empleando las técnicas y el modo de pensar que fueron elogiados y que con seguridad le darán una sensación de dominio y de éxito: factores determinantes, ambos, para prevenir y curar toda depresión.

> *Consejo: Pregunte a su niño por qué hizo algo en cierto modo, y luego elogie el proceso. Adulto: "¿Para qué descorriste las cortinas de la casa?" Niño: "Para ver los árboles y los pájaros." Adulto: "¡Gran idea!"*

Elogio a la persona

Bob elogia de manera constante a Alicia sólo por ser ella, por ser exactamente la persona que es. Esto es recíproco, y este tipo de elogio es parte integral de su relación.

Las personas necesitan saber que son valoradas por ser quienes son, sin tener que esforzarse por este reconocimiento. Bob dirá con frecuencia: "¡He tenido tanta suerte en encontrarte! Eres maravillosa." Del mismo modo, puede usted decir a su hijo: "Eres un gran chico." ¡Éste es el elogio que fortalece una relación, por excelencia! Pero también es una declaración de sus sentimientos hacia su hijo. El subtexto es: "Te quiero y no voy a abandonarte ni a fallarte". Puesto que, como hemos visto, no hay nada que el niño tema más que el abandono, ésta es una reafirmación continua y vital.

> *Consejo: Fíjese en la frecuencia con que elogia a los miembros de su familia por ser quienes son. Asegúrese de hacerlo al menos una vez al día.*

EL ELOGIO MALO

Resulta sorprendente que haya malos elogios. Dweck y su colega Melissa Kamins han observado que emplear un elogio general, no especificado, para ayudar un niño a mejorar en algo, puede producir una "vulnerabilidad y la sensación de que su valor depende de las contingencias". Decirle sólo a un niño que "es bueno" cuando está usted complacido porque recogió sus juguetes no le permite saber específicamente cómo conservar su aprobación.[5]

Hasta elogiar a un niño por una característica fija como la inteligencia o capacidad musical o deportiva puede resultar contraproducente. El niño no tiene ningún dominio de esas características genéticas.

Dice Dweck: "Elogiar la inteligencia de los niños, en lugar de aumentar su autoestima, los estimula a adoptar conductas negativas, como preocuparse por todo fracaso y evitar riesgos". En realidad, en el caso de que su intención sea reforzar cierto tipo de conducta, elogiar al niño por características fijas puede tener el mismo efecto negativo que criticarlo por factores que están fuera de su dominio.[6]

Dweck descubrió que clasificar a los niños como talentosos o bien dotados también puede tener un impacto negativo, haciéndolos que se preocupen demasiado por justificar ese adjetivo. Tal vez se muestren menos dispuestos a arriesgarse a fracasos escolares y sólo acepten los retos que pongan en manifiesto sus conocimientos y dominio de las materias.[7]

PRACTIQUE EL ELOGIO

Una cultura del elogio ayuda a promover una sensación general de armonía en el hogar, en la escuela o la empresa. En su libro *The Marriage Clinic* (*La clínica del matrimonio*), John Gottman habla de la "cuenta bancaria emocional" y del "sistema de cariño y admiración" que permite a una pareja basarse en los "ahorros" de buenos sentimientos que ha depositado cada miembro de la pareja. Una buena proporción de interacciones positivas y negativas (al menos, cinco a una) permite predecir una relación satisfactoria.[8]

Para establecer una cultura familiar del elogio no basta mostrar aprobación a sus hijos. Todos los miembros de la familia deben elogiarse entre sí. Los niños idealizarán y adoptarán la conducta elogiosa de los hermanos mayores y de los adultos, y la seguridad de cada quien quedará fortalecida porque es claro que nadie está siendo rechazado.

Desde luego, eso significa que usted tendrá que acostumbrarse a recibir elogios, además de darlos: algo que es muy difícil para muchos en nuestra sociedad. Piense en maneras de elogiar a su pareja varias veces al día y pídale que haga lo mismo por usted. Si elogiar no le brota con naturalidad a uno de ustedes, he aquí algunos ejemplos:

- ¡Felicitaciones por abrir esa nueva cuenta!
- Observé que no te enojaste con los niños, sino que hiciste una pausa. ¡Bien hecho!
- Me encanta vivir contigo.

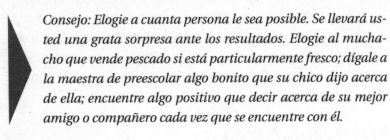

Consejo: Elogie a cuanta persona le sea posible. Se llevará usted una grata sorpresa ante los resultados. Elogie al muchacho que vende pescado si está particularmente fresco; dígale a la maestra de preescolar algo bonito que su chico dijo acerca de ella; encuentre algo positivo que decir acerca de su mejor amigo o compañero cada vez que se encuentre con él.

NUNCA CRITIQUE

Según la Academia Americana de Pediatría, "menospreciar, degradar o ridiculizar a un niño es importante causa de depresión".[9] Y, sin embargo, es sorprendente que tan pocas personas se den cuenta del daño que la crítica hace a los integrantes de la familia y a la familia en conjunto. Cada vez que hablamos de crítica a las empresas, o a las escuelas o a los medios informativos, alguien pregunta siempre: "Pero, ¿qué decir como crítica *constructiva*?" Simplemente, no hay tal cosa. Toda crítica busca el control, hacer que la otra persona se sienta mal y se esfuerce más por complacer (habitualmente, sin la información específica necesaria para lograrlo).

Una definición de *crítica* es: una opinión disfrazada de hecho (o a veces, en particular con los niños, de pregunta retórica). "¿Por qué no puedes encontrar *nunca* unos pantalones y una camisa que hagan juego? ¡Tu hermanita menor lo hace a la perfección!", es una crítica. "Creo que esos pantalones no hacen juego con esa camisa. Veamos si podemos encontrar un conjunto que nos guste a los dos" contiene una opinión franca y es retroalimentación. La crítica a menudo incluye generalidades ("¿por qué *nunca* puedes?)" y comparaciones con otros ("tu hermanita lo hace a la perfección").

La retroalimentación da cuenta de un hecho indiscutible ("tus zapatos están cubiertos de lodo") y a menudo va acompañada por una instrucción ("por favor quítatelos antes de entrar en la casa").

Con estas claras definiciones en mente, asegúrese de emplear la retroalimentación en lugar de la crítica con su hijo... y con todos los demás. Establezca la regla familiar de no menospreciar a nadie en la familia, adultos y hermanos incluidos. Para un niño de cuatro años, el de cinco es un adulto y siempre tiene razón, y todo lo que se diga o se oiga en su casa parecerá aprobado por usted. Así que no pase por alto aplicar las consecuencias.

Enseñar a sus hijos a no criticar a otros en la casa, incluso a usted, puede empezar desde los tres años. "¡Te odio!" es una expresión franca de un sentimiento (inmediato). Pero "¡eres estúpido!" debe ser contrarrestado por "no decimos esas cosas en esta familia".

Gottman identifica "los cuatro jinetes del Apocalipsis" que dañan las relaciones familiares. Además de la crítica, cita la actitud defensiva, el desprecio y la obstaculización. Estos, dice, son los indicadores más seguros de divorcio o de un matrimonio duradero pero triste o, debemos añadir, de un niño deprimido. Pero, como él dice, podemos aprender, continuamente, a "construir los antídotos".[10]

Creemos que los mejores antídotos son:

- En lugar de críticas, dé usted retroalimentación y opiniones francas.
- En lugar de adoptar actitudes defensivas, acepte su parte de responsabilidad con el problema.
- En lugar de confrontar, analice sinceramente el punto de vista de la otra persona.
- En lugar de obstaculizar, busque un acuerdo. Asegúrese de que la otra persona sepa que usted está escuchando, y comuníquele que usted necesita sentirse seguro para seguir adelante. Cuando no sea posible llegar a un acuerdo, dígalo con franqueza.

> **Consejo:** *Tenga cuidado con las críticas y el sarcasmo velado. Los comentarios críticos hechos en broma pueden ser tan dañinos como una crítica abierta.*

CURIOSIDAD Y PARTICIPACIÓN

Parte del sistema de admiración mutua inherente a una cultura del elogio consiste en mostrar curiosidad por los intereses, las actividades y las opiniones de los miembros de la familia.

Algunas parejas nos dicen a menudo que no tienen "nada en común". Ella dice: "Él sólo se interesa en los deportes (o en la bolsa de valores, o en el periódico)", y él responde: "Ella sólo se interesa en chismorrear con sus amigas y en esa tontería de la New Age." Aquí, el subtexto es: "Él/ella no está interesado(a) en mí. Me siento rebajado y criticado por dedicarme a las cosas que me gustan." Del mismo modo, un niño pequeño dirá: "¡Nunca me escuchas!", o bien: "¡No entiendes!"

Si se desdeñan sus opiniones e intereses, el niño pronto aprenderá que lo que el haga no importa... como podrá pasarle a usted. Una parte del elogio consiste en tomarse tiempo para mostrar interés.

Donna y su esposo, Charles, eran unos activos diseñadores gráficos de Manhattan. A su hija de cinco años, Daisy, se le había diagnosticado depresión. Mostraba falta de entusiasmo e interés, frecuentes arranques de mal humor e incapacidad de hacer amigas, así como dolores generalizados y no especificados. Se quedaba sentada en la oficina de Bob, entre sus padres, mirándose fijamente los zapatos.

"No sabemos qué hacer con ella", empezó a decir Donna. "No podemos llegar a ella." asintió Charles.

"Daisy", dijo Bob, a la niña. "¿Por qué crees que estas aquí?"

"Porque soy mala."

"No eres mala, querida", dijo Charles, intentando tranquilizarla. "Simplemente, estás triste."

"¡Soy mala porque estoy triste!", dijo la niña sin dejar de mirarse los zapatos.

"Quisiera conocerte bien, ¿eso te gustaría?", preguntó Bob.

"Supongo que sí."

"¿Qué juegos te gustan?"

"Todos los juegos son tontos."

"¿Todos son tontos? ¿Quién dice eso?"

"Mi papá, y a veces mi mamá."

Donna y Charles estuvieron a punto de intervenir, pero Bob los contuvo con una señal.

"¿Cuándo dicen eso?"

"Ya no lo dicen porque ya no juego." Daisy levantó la vista por primera vez.

"Si jugaras, ¿qué juego elegirías?

"¡A los sapos!"

"¿Puedes mostrarme cómo es el juego de los sapos?"

Daisy miró a su madre, quien aprobó, renuente, con la cabeza. La niña se levantó de la silla, reunió unos cojines de las otras sillas y se sentó en el suelo. Empezó a hacer ruidos como de sapos, y arrojaba un cojín cada vez.

"¿Qué son los cojines?" Le preguntó Bob.

"¡Sapos, desde luego!"

"¿Y hacen ruido cuando saltan?"

"¡Sí!" Daisy sonrió por primera vez.

"¿Puedo jugar yo?"

"¿Puede usted ser un sapo?"

"Si, pero tú tendrás que hacer el ruido."

Durante algunos minutos, Bob dio saltos por la habitación cada vez que Daisy hacia el ruido.

"¿Qué sabes acerca de los sapos?", le preguntó Bob, después de un rato.

"Son resbalosos y pegajosos, y dan saltos."

"No sabía yo eso", dijo Bob, interesado. "Te apuesto a que tu mamá podría dibujarte un sapo. ¿Te gustaría?" Daisy asintió. "Y tal vez tu papá sepa algo acerca de sapos. ¿Te gustaría que te contara algún cuento de sapos?"

Los padres salieron de la sesión con una "prescripción" para muchas actividades con sapos, así como instrucción en otras técnicas "a prueba de depresión". Cuando sus padres aprendieron a mostrar un auténtico interés en lo que interesaba a su hija, volvió el entusiasmo de Daisy y empezó a hacer amigas (el juego de los sapos resultó todo un éxito en el grupo de preescolar). También desaparecieron su ira y sus dolores misteriosos.

Recuerde que en el fondo de todo juego de niños hay algo en que ellos están interesados, algo importante para ellos. Saber validar ese entusiasmo es parte integral de una cultura del elogio.

NOTAS

[1] Roy F. Baumeister, *et al.*, "Does High Self-Esteem Cause Better Performance, Interpersonal Success, Happiness, or Healthier Lifestyles?", *Psychological Science in the Public Interest*, 4, núm. 1, 2003, pp. 1-44.

[2] G. Barker y S. Graham, "Developmental Study of Praise and Blame as Attributional Cues", *Journal of Educational Psychology*, 79, núm. 1, 1987, pp. 62-66.

[3] Carol S. Dweck, "Messages That Motivate: How Praise Molds Students' Beliefs, Motivation, and Performance (in Surprising Ways)", en *Improving Academic Achievement: Impact of Psychological Factors on Education*, ed. J. Aronson, Academic Press, Nueva York, 2002.

[4] C. S. Dweck y M. L. Kamins, "Person Versus Process Praise and Criticism: Implications for Contingent Self-Worth and Coping", *Developmental Psychology*, 35, núm. 3, 1999, pp. 835-847.

[5] *Ibid.*

[6] *Ibid.*

[7] C. S. Dweck y C. M. Mueller, "Praise for Intelligence Can Undermine Children's Motivation and Performance", *Journal of Personality and Social Psychology*, 75, núm. 1, 1998, pp. 33-52.

[8] John M. Gottman, *The Marriage Clinic: A Scientifically-Based Marital Therapy*, W. W. Norton, Nueva York, 1999.

[9] Steven W. Kairys, *et al.*, "The Psychological Maltreatment of Children Technical Repon", *Pediatrics*, 109, núm. 4, 2002, p. e68.

[10] John Gottman, 1999, 191-193.

10

PASO 7:
DESARROLLE Y ALIMENTE
VALORES Y CREENCIAS
COMPARTIDOS

*

Los valores, creencias y rituales compartidos nos mantienen unidos como familia, empresa, club y nación. Las creencias comunes nos dan una sensación de optimismo, los valores compartidos nos permiten vernos unos a otros como personas fundamentalmente "buenas" y los rituales expresan estos dos aspectos de nuestras vidas.

Y, sin embargo, éstos son precisamente los atributos que han perdido las sociedades desarrolladas. Como resultado, muchas familias, si no la mayoría, parecen ir por la vida sin un cimiento sólido ni una brújula fija. Impulsadas por la inseguridad y los mensajes conflictivos de una sociedad fracturada, se esfuerzan por alcanzar los símbolos externos del éxito y de la aceptación: una mejor casa o calificación; la escuela o el trabajo debido; el lugar de vacaciones más caro, y el sistema de diversión en casa más moderno. Tales familias no tienen nada permanente en lo cual basarse, nada firme en sus relaciones o en su vida espiritual que los proteja en los tiempos difíciles. Sin un terreno común en sus relaciones, el estrés creará más fácilmente fracturas que se ensancharán bajo presión. Seguimos asombrados al ver cuán pocas parejas hablan a diario de sus valores y creencias básicas en términos concretos, en particular sobre cómo planean su vida familiar y crían a sus hijos.

LOS VALORES FALSOS

Los valores que los niños aprenden a muy temprana edad determinan toda su vida. Si creen que el valor personal se encuentra en quienes son y no en lo que logran, y que las relaciones y la espiritualidad son más importantes que tener el patio más grande o los mejores juguetes, estarán en camino de forjar sus vidas sobre una base sólida que les dé optimismo y salud emocional.

Los investigadores Suniya S. Luthar, doctora en filosofía, y Bronwyn E. Becker, de la Universidad Columbia, descubrieron en un estudio del año 2002 que las presiones por los logros comienzan muy pronto en la vida de un niño, y finalmente conducen, en gran proporción de los sujetos de su estudio, al consumo temprano de drogas, al alcoholismo y a la depresión.

Estas presiones por obtener logros, observan los investigadores, incluyen mensajes acerca de los valores de crianza arraigados en el materialismo, así como un "perfeccionismo maladaptativo": no sólo esforzarse por alcanzar metas más elevadas y realistas, sino desarrollar una "excesiva inversión en los logros y en la necesidad de evitar el fracaso".

"En las comunidades suburbanas ascendientes", anotan, "a menudo hay un ubicuo interés en asegurarse de que los niños sean admitidos en los mejores colegios. Como resultado, muchos pequeños se sienten impulsados a sobresalir no sólo en las materias académicas sino también en múltiples actividades extracurriculares".[1] En realidad, muchos padres se quejan a menudo ante nosotros de que su chico "fracasó en el jardín de niños" y así, creen ellos, puso en peligro sus oportunidades de ingresar en un buen colegio.

Según Peggy Papp, directora del Proyecto Depresión en el Instituto Ackerman para Terapia Familiar en Nueva York, estos valores materialistas (no declarados) y orientados hacia los logros prevalecen en nuestra cultura y hacen que los padres den más importancia al trabajo que a sus hijos y que se formen expectativas no realistas y disfuncionales, todo lo cual puede producir depresión.

Tan dañina como los valores falsos es la incongruencia entre lo que los padres dicen y lo que hacen. Hace pocos años, la revista *National Demographics* pidió a un gran número de ejecutivos de diversas ramas que enumeraran sus valores principales. En los primeros lugares de la lista aparecieron "el hogar y la familia" y, sin embargo, sus actos mostraron que preferían quedarse en su lugar de trabajo aun cuando tomarse más tiempo para estar con sus familias no suponía un sacrificio económico. Estos mensajes contradictorios hacen que hasta un niño pequeño se vuelva pesimista y desconfíe de los adultos.

ENSEÑANZA DE VALORES POSITIVOS

Para asegurar que un niño sea optimista y se mantenga libre de la depresión, los valores de una familia deben:

- Expresarse de manera clara y practicarse abiertamente.
- Incluir el altruismo y las buenas acciones para con los demás. (Somos una especie altruista y la investigación muestra que quienes ayudan a otros se sienten más felices, son más sanos mental y físicamente y viven más tiempo).[2]
- Reflejarse en las acciones de los adultos de la familia (no tiene objeto adherirse a un conjunto de valores que no se aplican ... y es malo para los niños).
- Permitir que los miembros de la familia se sientan bien consigo mismos (los valores no deben provocar excesivos sentimientos de culpa. Por ejemplo, la idea de que las personas sólo valen por lo que logran o por lo que poseen conduce a una sensación de inadaptación. Las creencias que causan

vergüenza acerca del cuerpo o de las funciones naturales provocan, obviamente, culpabilidad, así como los valores o creencias que son imposibles de aplicar dadas las circunstancias o el entorno de la familia).

- Ser valores por los que a usted le gustaría que su familia fuera recordada.

- Reconocer los derechos legítimos de los demás, incluyendo los de otras razas, creencias, ingresos, edad, apariencias y educación (si a una persona se le considera poco importante, incluso se le persigue por esa razón, nadie podrá sentirse seguro, y será difícil enseñar a los niños un sentido de justicia que tenga algún significado).

Un conjunto de valores con estas cualidades puede ser una muy poderosa fuerza cohesiva dentro de la familia y promover la salud mental de sus miembros. Demitri y Janice Papolos, en su libro *The Bipolar Child*, muestran cómo una comunidad —los amish— que adopta un conjunto de valores acordes a estos lineamientos protege a sus hijos contra la forma más insidiosa de la enfermedad depresiva: el trastorno bipolar. Afirman que "la regularidad y simplicidad del estilo de vida amish, caracterizado por valores sociales consistentes, una filosofía de no violencia, fuertes estructuras familiares y de comunidad [...] es capaz de modificar muchos comportamientos que podrían llegar a su extremo en las familias que no tienen valores sociales y religiosos tan definidos y que no son capaces de mostrar límites tan bien establecidos".[3]

 Consejo: Aproveche la oportunidad de hablar de valores después de presenciar un programa de televisión o de leer un libro. Por ejemplo, pregunte a sus niños qué hace que un personaje sea bueno o malo.

DECLARACIÓN DE LA MISIÓN DE LA FAMILIA

Usted puede ayudar a su familia a desarrollar un conjunto de valores compartidos y dar a sus hijos un sentido saludable de propósito en la vida produciendo, en conjunto, lo que Stephen Covey llama en su libro *The Seven Habits of Highly Effective People* una "declaración de la misión de la familia". "Al escribir una declaración de la misión de la familia está usted dando expresión al verdadero fundamento de ésta. La declaración de la misión se convierte en su constitución, norma y criterio para evaluar y tomar decisiones. Da a la familia continuidad y unidad, además de dirección. Cuando los valores individuales están en armonía con los de la familia, sus miembros trabajan en conjunto en pos de objetivos comunes y significativos para todos", dice Covey.[4]

Entonces, ¿cómo se hace la declaración de la misión de la familia? A estas alturas, convendrá usted con nosotros en que el lugar más adecuado para empezar es un cónclave de familia. En este cónclave deberá alentarse a todos los miembros de la familia de más de tres años a declarar sus valores. El niño de cuatro años no es el árbitro de los valores ni comprende tales conceptos, pero al invitarlo se le muestra que se toman en cuenta sus ideas, opiniones y pensamientos. Se le puede hacer participar en el proceso explicándole en un lenguaje adecuado los valores familiares; por ejemplo, muéstrele la importancia de la conservación ecológica señalándole sus árboles o flores favoritos en su patio o en el parque más cercano, y diciéndole que la conservación ecológica consiste en cuidar que nadie los corte o dañe.

Anote todos los valores convenidos. Recuerde que el proceso es tan importante como el documento terminado. Al escuchar las aportaciones de todos los miembros de la familia, discutir, analizar y revisar para admitir las ideas de otras personas, todos practican la formación de sus propios valores y encuentran un terreno común con los demás. Puede anotar la aportación de cada miembro en un pizarrón o en un papel del tamaño de un cartel, con el nombre de cada colaborador al pie. Los niños pueden divertirse decorando las páginas, teniendo buen cuidado de no dibujar encima de lo escrito. Deje lo escrito en el pizarrón durante un tiempo, o pegue el papel en la pared (tal vez en la estancia o el estudio) para recordarles a todos lo que representan como familia.

Lleve a la práctica su visión

La declaración de la misión de la familia consta de dos partes: la visión y la práctica. La serie de declaraciones de valores que acabamos de analizar forma la base de la visión, los propósitos últimos por los cuales existe la familia. Una vez que se llega a un acuerdo y se acepta la visión, se pasa a la práctica, comenzando por las acciones concretas que ustedes, como familia, emprenderán para llevar a la práctica esa visión.

Por ejemplo, una de sus declaraciones de visión puede ser: "Nosotros como familia creemos en el valor de la educación durante toda la vida" (observe que no dice "educación" a secas, pues los niños podrían pensar que es una treta dirigida a ellos. Al añadir *durante toda la vida* se da a entender que los padres creen en la educación también para ellos).

Bajo la palabra "práctica" podrá escribir (en un cuaderno de notas, el pizarrón o en una hoja de papel de estraza):

- Cooperaremos con los maestros en la escuela (es decir, los niños harán lo que digan los maestros y los padres se reunirán regularmente con los profesores).
- Ingresaremos en la Asociación de Padres y Maestros y la apoyaremos.
- Aportaremos el uno por ciento de nuestro ingreso a obras de caridad educativas.
- Discutiremos en grupo nuestros estudios y explicaremos a los demás lo que estamos aprendiendo.

Lleve un registro final de su declaración de la misión de la familia. Desde luego, podrá revisarse posteriormente, y deberá evolucionar como lo hacen los miembros de su familia.

VALORES PARA LA FELICIDAD

¿Pueden hacernos felices nuestros valores? La investigación muestra que un conjunto sólido *de valores adecuados*, como la dignidad, las buenas relaciones y la cercanía con la naturaleza, en efecto sí conduce a la felicidad.[5]

El profesor Stephen Reiss, de la Universidad Estatal de Ohio, dice que existen dos tipos de felicidad: la felicidad de sentirse bien y la felicidad de los valores: "La felicidad de sentirse bien es un placer basado en las sensaciones. Cuando bromeamos o practicamos el sexo, experimentamos la felicidad de sentirnos bien. Dado que la felicidad de sentirse bien está regida por la ley de rendimientos decrecientes, cada vez es más difícil lograr la emoción. Este tipo de felicidad rara vez dura más que unas cuantas horas. La felicidad basada en los valores es una sensación de que nuestras vidas tienen un significado y cumplen con un propósito más grande. Representa una fuente espiritual de satisfacción, que brota de nuestros propósitos y valores más profundos."[6]

La felicidad basada en los valores tiene sólidos nexos con la autoestima. La investigación efectuada por Robert Atkins, profesor de psicología del Estado de Ohio, ha mostrado que las personas inseguras tienden a ser materialistas y a suscribir afirmaciones como "Me gusta poseer cosas que impresionen a la gente" y "las cosas que poseo dicen mucho de lo bien que estoy haciéndolo en la vida".[7]

Para enseñar a sus hijos a encontrar una fuente de satisfacción más profunda que el materialismo, pruebe lo siguiente:

- Lleve a cabo muchas actividades divertidas relacionadas con la naturaleza, en familia y con amigos, como pasearse por un parque, jugar en la playa, recoger bayas o hierbas comestibles, y cuidar un huerto o plantas caseras.

- Establezca un proyecto familiar de reparar o de construir cosas, en lugar de siempre comprar otras nuevas.
- Lea (y enseñe a su niño a leer) cuentos que refuercen sus valores familiares, como los clásicos *Crónicas de Narnia* de C. S. Lewis, *Horton Hears a Who* del Dr. Seuss, *Charlotte's Web* de E. B. White y *Winnie the Pooh* de A. A. Milne.
- Sea jugetón con su pareja así como con los chicos.
- Dedique tiempo a jugar y a platicar, lo que demuestra que el simple hecho de estar juntos es pasarla bien.

ESPIRITUALIDAD:
EL ANTIDEPRESIVO MÁXIMO

Numerosos estudios recientes, muchos de ellos efectuados en el Centro Médico de la Universidad Duke por el profesor Harold Koenig, confirman que la espiritualidad, en todas sus manifestaciones, tal vez sea el más poderoso de los antidepresivos.[8] Sin valores espirituales nuestras vidas están vacías; sin un sistema de creencias, estamos perdidos; sin un sentido significativo de conexión con el mundo que nos rodea, estamos aislados.

La necesidad de creer en algo mayor que nosotros, que en cierta manera nos cuida y vela por nosotros, está integrada en nuestros genes y conectada con nuestro cerebro. Algunos científicos creen incluso haber descubierto el sistema de conexiones neurales correspondientes, al que han llamado el "módulo de Dios", que se especializa en creer y que, no es de sorprender, está vinculado con nuestra sensación de optimismo.[9]

El destacado biólogo noruego Bjørn Grinde, confeso ateo, observa que conforme la ciencia reduce la influencia de la religión, la sociedad se vuelve más triste y más pesimista. Escribe que la necesidad de una fe religiosa está integrada en nuestros genes y que desempeña funciones útiles para la supervivencia, como dar al hombre esperanza, guiarlo hacia una actitud más altruista, y reforzar la cohesión del grupo.[10]

Otra parte del cerebro llamada el lóbulo parietal superior posterior (LPSP), que interviene en la conciencia espacial, desempeña una función fundamental en la meditación y la oración. En circunstancias normales, esta área es una colmena de actividad, que nos proporciona información constante sobre dónde termina nuestro cuerpo y dónde estamos en relación con las cosas que nos rodean.

Sin embargo, durante una intensa oración o meditación, el LPSP se vuelve un apacible oasis de inactividad. El profesor Andrew Newburg, de la Universidad de Pennsylvania, quien descubrió esta área, dice que cuando la activamos "disipa los límites entre el yo y el otro. Si los meditadores llegan lo bastante lejos, tienen una completa disolución del ego, una sensación de unión, de infinita disolución del espacio" y llegan a un contacto con lo divino.[11] También podemos tener acceso a esta rendición del ego cuando nos conectamos profundamente con la naturaleza o cuando tenemos una abrumadora experiencia religiosa.

Consejo: Meditar sólo 15 minutos, dos veces al día, no sólo nos mantiene sanos sino que aumenta nuestra energía y paciencia con los hijos. Asegúrese de hacerlo con regularidad, ya que todos los beneficios de la meditación se manifiestan después de ocho meses.[12]

LA ESPIRITUALIDAD EN LA PRÁCTICA

Valores y actividades espirituales son medios para crecer y fortalecer la paz interna como padres, para echar bases de optimismo para usted y para sus hijos y para reforzar la unión familiar. En la sección de prácticas de su declaración de la misión de la familia, incluya regularmente algo de lo siguiente:

- Meditación (podrá invitar a los niños menores de seis años si se mantienen muy tranquilos; después participarán más plenamente).
- La plegaria (todos pueden participar en las plegarias a la hora de los alimentos).
- Rituales y ceremonias de la familia.
- Asistencia a lugares de culto.
- Paseos por la naturaleza en que usted señale las maravillas y la belleza de todos los seres vivos.
- Actividades en apoyo de las causas ecológicas.
- Trabajo voluntario con organizaciones humanitarias, y charlas acerca del valor de todas las formas de vida.
- Poseer animalitos (perros, gatos, caballos y hurones forman relaciones con nosotros que nos permiten salir de nuestro ego y cuidar de otros seres).
- Estudio de la religión y/o la espiritualidad.
- Yoga o sus propios "movimientos reprogramados"[13] (¡a los chicos les encantará mostrar su asombrosa flexibilidad!).
- Música en que pueda usted perderse y/o con la que los niños puedan bailar.

A veces nos preguntan: "¿Debemos inculcar en nuestros hijos cierta religión o creencia espiritual, o aguardar hasta que estén lo bastante maduros para elegir por sí solos?" Nuestra respuesta, definitivamente, es ofrecer a los niños un vibrante sistema de creencias y hacer que los rituales que lo acompañan formen una parte sólida de la vida familiar. Uno de los más célebres abogados de una empresa de Nueva York fue criado muy devotamente pero dejó de asistir a los servicios religiosos cuando se fue de su casa. Como su esposa estaba decidida a criar a sus hijos en la fe que compartían, él aceptó, y participó de nuevo en las actividades de la iglesia local, asegurándose de que los niños fueran a la iglesia los domingos, y a otras sesiones. "Es parte de lo que ahora nos une como familia", dice. "Pero mi fe me da, asimismo, una sensación de fuerza interna y de tranquilidad."

Es indispensable que usted y su pareja demuestren lo que es importante para ustedes mediante sus actos y no sólo por medio de palabras. Por ejemplo, sus acciones deben mostrar que usted *valora* una profunda conexión con otras personas basada en la satisfacción mutua de sus necesidades; que usted *valora* la espiritualidad y la santidad de todos los seres vivos; que usted *valora* la naturaleza por sí misma y no sólo como atracción turística. Al hacer de sus valores, creencias y rituales el meollo mismo de su vida familiar, proporcionará a sus hijos alternativas para ser felices que no dependen de que vistan a la última moda o de que tengan los últimos videojuegos o accesorios. Encontrar la alegría en actividades relacionadas con esos valores ofrece a todos los miembros de la familia una resistencia de por vida y los protege del señuelo del consumismo, del sexo prematuro o inapropiado y del consumo de sustancias prohibidas... todo lo cual conduce directamente al pesimismo y a la depresión.

NOTAS

[1] S. S. Luthar y B. E. Becker, "Privileged but Pressured? A Study of Affluent Youth", *Child Development*, 73, núm. 5, 2002, pp. 1593-1610.

[2] C. Schwarrz, *et al.*, "Altruistic Social Interest Behaviors Are Associated with Better Mental Health", *Psychosomatic Medicine*, 65, núm. 5, 2003, pp. 778-785.

[3] Demitri Papolos y Janice Papolos, *The Bipolar Child: The Definitive and Reassuring Guide to Childhood's Most Misunderstood Disorder*, Broadway, Nueva York, 2002, p. 155.

[4] Stephen R. Covey, *The 7 Habits of Highly Effective People*, Simon and Schuster, Nueva York, 1989, p. 138.

[5] Kennon M. Sheldon, *et al.*, "What Is Satisfying About Satisfying Events? Testing 10 Candidate Psychological Needs",

Journal of Personality and Social Psychology, 80, núm. 2, 2001, pp. 325-339.

[6] Stephen Reiss, "Secrets of Happiness", *Psychology Today*, enero/febrero de 2001.

[7] L. C. Chang y R. M. Arkin, "Materialism as an Attempt to Cope with Uncertainty", *Psychology and Marketing*, 9, núm. 5, 2002, pp. 389-406.

[8] H. G. Koenig, "Religion, Spirituality and Medicine: Application to Clinical Practice", *Journal of the American Medical Association*, 284, núm. 13, 2000, p. 1708.

[9] V. Ramachandran, "The Neural Basis of Religious Experience", ensayo presentado en la reunión annual de la Society for Neuroscience, octubre de 1997.

[10] Bjørn Grinde, "How Can Science Help Religion Towards Optimal Benefit for Society", *Zygon*, manuscrito aportado por el autor.

[11] Andrew Newburg, *et al.*, *Why God Won't Go Away: Brain Science and the Biology of Belief*, Ballantine Books, Nueva York, 2002.

[12] V. A. Barnes, *et al.*, "Impact of Transcendental Meditation on Ambulatory Blood Pressure in African-American Adolescents", *American Journal of Hypertension*, 17, núm. 4, 2004, pp. 366-369.

[13] Alicia Fortinberry, "Empower Your Body", CD de audio, Hopeline, Nevada, 1998.

TERCERA PARTE

APLICACIÓN DE ESTRATEGIAS DE PADRES OPTIMISTAS A LOS DESAFÍOS COMUNES

11

PREVENGA LAS CONSECUENCIAS DE LA DEPRESIÓN EN LOS PADRES

*

Acaso la acción más importante que pueda usted emprender para enfrentar o prevenir la depresión de su hijo sea asegurarse de que atiende su propia depresión (o la de su pareja).

Más de 20 por ciento de los padres de niños pequeños sufren de un trastorno de la conducta como depresión, angustia o estrés postraumático (TEPT). La depresión postparto afecta a 15 por ciento de las madres y se relaciona con el aislamiento[1] y el estrés, así como con desequilibrios hormonales. La investigación ha mostrado que los hijos de padres deprimidos están en grave peligro de depresión, así como de abuso de sustancias tóxicas y otras conductas antisociales. Las madres deprimidas tienen dificultades para relacionarse con sus infantes y por ello pueden ser menos sensibles a las necesidades del bebé, tener menor participación emocional y, por tanto, ser menos congruentes en sus respuestas a su comportamiento. Como resultado, estos bebés a menudo parecen más tristes y aislados que otros. Incluso, es probable que parezcan inertes y resulte difícil consolarlos, alimentarlos y dormirlos. Cuando ya caminan, estos niños a menudo son muy difíciles de tratar: son desafiantes, negativos y rechazan la autoridad de sus padres. Por desgracia, esto refuerza la sensación de fracaso de los padres deprimidos. Como nada parece funcionar, las acciones de los padres siguen siendo incongruentes.

Más aún: ciertos estudios muestran que la gran mayoría de los padres culpan de su desaliento a sus hijos "difíciles". ¿Ha visto usted alguna vez esas calcomanías que dicen algo como: "Estoy loco, y lo heredé de mis hijos"? Son graciosas, pero revelan una creencia muy profunda. "Damián es tan difícil que ya no puedo con él, y mi médico me ha prescrito antidepresivos", se lamentó la madre de un rebelde niño de cuatro años. Al explayarse con nosotros, se dio cuenta de que había estado deprimida durante el embarazo y tal vez desde antes, cuando se sintió aislada y desdeñada por su esposo. El estrés que ella atribuía a Damián había comenzado, en realidad, mucho antes de que éste naciera, y había contribuido a los problemas del niño.

"Aunque los padres a menudo sienten que la conducta del niño es la causa de su desaliento, por lo general tiene más sentido la hipótesis de que el niño está reaccionando a la depresión de los padres",[2] dice el escritor y psicólogo Richard O'Connor. "Cuando el padre deprimido no consigue obtener ayuda [...] el panorama no es bueno para el niño. Crecerá con ideas peligrosas y destructivas acerca de sí mismo: que no es digno de amor, que es incontrolable y que en general es un latoso. No sabe cómo llamar la atención de los adultos de maneras positivas, y entonces se etiqueta como 'alborotador'. No sabe cómo aplacarse, y por ello está en peligro de consumir sustancias prohibidas. No sabe qué es un ser humano con dignidad, y por ello está en riesgo de depresión. No sabe cómo controlar su propia conducta, de modo que no embona bien ni en la escuela ni en el trabajo."[3]

Los padres deprimidos y adictos comparten el mismo tipo de problemas en la crianza de sus hijos, y éstos manifiestan las mismas pautas de conductas "difíciles" o antisociales.[4] Según Catherine Stanger, profesora de la Universidad de Vermont, 20 por ciento de las personas que están en tratamiento por dependencia de drogas son padres de hijos pequeños. Lo que falta en el hogar de los padres deprimidos y adictos a las drogas son la congruencia y la empatía. El "mal comportamiento" de un niño que apenas empieza a caminar es, a menudo, un grito en demanda de ayuda, un intento de que sus padres establezcan reglas congruentes o siquiera noten su presencia en alguna forma significativa.

CÓMO ENFRENTARSE A LA PROPIA DEPRESIÓN

Para ser un padre empático y congruente debe usted enfrentarse a sus propios problemas. Las estrategias siguientes le ayudarán si sufre de depresión, angustia o adicción, o si tiene dificultades para hacerles frente.

1. Reconozca sus problemas y busque ayuda de su pareja, amigos y profesionales.
2. Observe su conducta.
3. Desarrolle su autoestima y confianza en sus capacidades.
4. Exprese un optimismo apropiado.

RECONOZCA SUS PROBLEMAS Y BUSQUE AYUDA

Si está deprimido, el primer paso para curar el trastorno o al menos asegurarse de que tenga las menores repercusiones posibles sobre su familia es reconocer que tiene un problema y buscar ayuda. Sin ayuda de los padres, no puede haber esperanzas para el niño. Sin embargo, éste es a veces el paso más difícil. Pese a la información disponible acerca de que la depresión es una enfermedad y no una debilidad, aún podemos sentirnos avergonzados de no "salir del apuro por nosotros mismos". Más culpables nos sentimos aún cuando consideramos el efecto que nuestro estado de ánimo tiene sobre nuestro hijo, y nuestra sensación de culpa puede paralizarnos.

Para superar esta culpabilidad y recuperar el domino sobre nuestras vidas es importante recordar que no somos nuestra depresión, y que padecerla no es nuestra culpa. La depresión es, en gran parte, un legado de la niñez, que no escogimos pero que sí podemos superar. Se relaciona con el trauma infantil y se alimenta de nuestra vergüenza y del silencio: rasgos que quizá aprendimos cuando éramos muy jóvenes.

Los secretos están en el meollo mismo de muchas familias nucleares en dificultades y tal vez de la institución misma. El sobresaliente antropólogo británico Edmund Leach hizo un comentario célebre sobre la moderna familia estresada: "La familia, con su estrecha intimidad y sus mezquinos secretos, lejos de ser la base de la buena sociedad, es la fuente de todos nuestros malestares."[5] En la Edad de piedra, antes de que la gente empezara a vivir en aldeas, pueblos y ciudades, era imposible guardar secretos porque se vivía en comunidad. ¡En las cavernas no hay cuartos separados! Si había un problema en una unidad particular del grupo, todos se enteraban de él y no tardaban en ayudar.[6]

En nuestra sociedad, muchas, si no la mayoría de las familias tienen secretos: peleas entre los padres, adicción a drogas, pobreza (o tan sólo no tener tanto como los vecinos), desempleo, enfermedad emocional o abuso. Hasta los niños que empiezan a caminar aprenden pronto a no hablar de ciertas cosas. De hecho, la investigación ha demostrado que los niños pequeños son más propensos a guardar secretos que los niños mayores.[7] Revelar los secretos de la familia produce vergüenza y gran angustia en los niños y esto, como lo ha mostrado Barry Farber, de la Universidad de Columbia, puede continuar hasta la edad adulta y alterar las relaciones.[8] Un niño que siente que tiene que guardar secretos evitará hacer amigos y será taciturno durante toda su vida.

Ayuda de su pareja o de su mejor amigo

Si le resulta difícil hablar acerca de sus problemas, ya sea por una historia familiar de secreto o simplemente por temor a que no lo comprendan, escoja a una persona a quien pueda hacer una confidencia. Se espera que sea su pareja, pero también puede ser un amigo de confianza. Los lineamientos siguientes pueden ayudarle a empezar.

- Pregúntese qué necesita usted que esta persona haga o no haga para que se sienta seguro al hablarle de su depresión o problemas relacionados. Unos ejemplos podrían ser: "Necesito que me guardes el secreto de lo que voy a decirte confidencialmente. ¿Puedes hacerlo?" O bien: "Necesito que no sólo me digas 'supéralo' si te digo lo que siento."

- Piense también en lo que usted necesita que esta persona haga para ayudarle a superar el problema, y escriba una lista de necesidades, concreta y centrada en acciones. No se trata sólo de que la otra persona sienta solidaridad o comprenda su problema, sino también de que emprenda acciones que lo convenzan a usted de que así es. Ejemplos de necesidades al respecto son: "Necesito que me preguntes qué está mal cuando me ves triste." "Necesito que apartes 15 minutos diarios para hablar conmigo acerca de lo que estoy sintiendo o lo que me está ocurriendo durante el día." "Necesito que me alientes a ver a mis amigos y me sugieras que los llame si no lo he hecho." "Necesito que elogies el modo en que estoy criando a los niños."

- Haga saber a esta persona, por adelantado, que tiene algo importante que decirle y aparte una buena cantidad de tiempo cuando los niños estén en la cama o no lo interrumpan. (Si le parece que no tiene tiempo, eso es parte del problema y también tendrán que resolverlo.)

- Durante la reunión, dígale a esta persona lo que usted necesita que haga para sentirse tranquilo por confiar en ella y, si ella está de acuerdo, continúe, tomándose todo el tiempo que necesite.

- Empiece mostrando cómo su problema está afectando, ahora mismo, su vida. Por ejemplo, puede empezar diciendo: "Tal vez hayas notado que últimamente he estado cansado e irritable, y he sido brusco contigo y con Yolanda; bueno…"

- Cuando haya terminado, permita que su pareja o su amigo le haga preguntas y exprese sus propios sentimientos. Si no se había dado cuenta de su depresión (o adicción, o tal vez un trauma de la niñez que está afectándolo), bien podrá censurarse por no haberlo notado. Permítale sentir eso (no puede usted rescatarlo de sus sentimientos), pero reconozca que usted ha guardado bien el secreto.

- Diga muy claramente lo que su pareja o amigo necesita hacer para ayudarlo a superar el problema. Si ahora no puede satisfacer sus necesidades, haga una cita para otra discusión. Asegúrese de pedirle que le cuente sus necesidades si aún no lo ha hecho. Si usted no sabe cómo está satisfaciendo sus necesidades o si está haciéndolo, no tendrá la seguridad emocional que es vital para superar la depresión.

- Ponga fin a la reunión con la promesa de que no habrá más secretos en el futuro, y procure que el acuerdo sea mutuo.

Ayuda de amigos y compañeros de trabajo

Luego, reclute la ayuda de otros amigos y colegas. La canción de los Beatles "I Get by with a Little Help from My Friends" casi resume nuestra condición humana. Nuestros genes nos dan la capacidad de hacer amigos que pueden ayudarnos en los tiempos difíciles.[9] Reconocer la depresión puede ser difícil al principio, pero a la postre el proceso resulta liberador. Si no puede abrirse ante sus amigos, pregúntese a sí mismo si es porque le es difícil hablar acerca de cosas personales o porque se ha retraído por las reacciones de ellos en el pasado. Si es este último caso, ¡tal vez no esté usted rodeándose de la gente que necesita!

Aún más temible puede parecer abrir su corazón ante sus colegas que no son amigos íntimos, y tendrá que pensar bien sobre quién es de su confianza y cuáles serían las posibles repercusiones. De hecho, la mayor parte de las grandes empresas reconoce hoy que la depresión es un estado prevaleciente que afecta a 30 por ciento de los empleados de oficina, y no una falla personal. Un buen gerente o colega aprovecharía su información para buscar maneras de darle la ayuda que necesita para superar o hacer frente al problema. Si su depresión es grave quizá llegue a afectar su rendimiento laboral, y más vale que aquellas personas con quienes trabaja conozcan la verdadera razón de sus fallas.

Consiga el apoyo de un buen amigo o compañero de trabajo digno de confianza, casi como lo haría con su pareja, aunque tal vez no hable usted acerca de los mismos asuntos o con la misma profundidad. Elabore una lista preliminar de necesidades; aparte un tiempo para la conversación; insista en que su amigo o compañero lo escuche sin juzgar; y háblele de sus necesidades, sea en la forma de una lista de necesidades, o de unas pocas a la vez. Si es un verdadero amigo, su altruismo hará el resto. Tal vez descubra que esta persona tiene secretos que compartir. Asegúrese de que su amigo o compañero comprenda que es el turno de usted y que luego podrá escucharlo plenamente conforme cobre más fuerzas.

Consejo: Una vez que haya hablado con algunas personas íntimas acerca de su depresión, podrá ir gradualmente diciendo a otros. "Hoy me siento deprimido. ¿Te pasa eso a veces a ti?" Es una buena manera de tantear las cosas con quienes aún no esté seguro. Si responden con empatía, será una buena indicación de que puede revelarles más, en ese momento o después.

Ayuda profesional

Su pareja y sus amigos son vitales, pero si padece una depresión grave y continua, quizá le resultará útil hablar con alguien que comprenda del todo el problema y que no se vea afectado personalmente por lo que usted diga. Es importante asegurarse de encontrar al terapeuta adecuado, lo que no siempre es fácil, dado que hay muchos tipos diferentes de terapeutas y enfoques. Al escoger a un terapeuta, deberá tener en cuenta ciertas normas importantes.

- Debe sentirse confiado hablando al terapeuta. No tenga miedo de consultar a varios antes de elegir. Escribir, de antemano, una lista de necesidades para el terapeuta ayudará a mantener la consulta inicial bien enfocada en sus preocupaciones y a determinar si la persona está dispuesta a hacerles frente de manera adecuada.

- El terapeuta que elija deberá tener la preparación y la experiencia necesarias para comprender su dificultad. Si está usted pensando en medicarse, puede ser útil consultar a un psiquiatra. Sin embargo, los psiquiatras no siempre cuentan con formación en psicoterapia y a veces se ven limitados por un modelo médico que depende principalmente de las medicinas. Después de los psiquiatras, los psicólogos tienen la mayor preparación académica, seguidos por los psicoterapeutas, que pueden contar con un título en psicología o trabajo social, y los asesores, que suelen especializarse en un campo particular, como alcoholismo, terapia familiar o educación. Buenas fuentes de referencia incluyen la American Psychologists Association (apa.org), la Association for Humanistic Psychologists (ahpweb.org) y la American Counseling Association (counseling.org). Buen número de profesionales han estudiado el método Fortinberry-Murray y los principios Uplift (uplift program.com).

- El terapeuta debe tener la capacidad de ayudarlo a vincular influencias pasadas con pautas presentes y a emprender acciones de cambio. Hacer que usted "reenmarque" su experiencia positivamente, o sustituir los pensamientos "negativos" por "positivos" no curará, a largo plazo, la depresión. En realidad, recientes investigaciones revelan que estos pensamientos suprimidos pueden volver con más fuerza que nunca cuando, como es inevitable, falla el control.[10]

- El terapeuta debe estar dispuesto a trabajar con los enfoques que usted considera que le están ayudando. Si esto incluye el enfoque Uplift, pregunte si el terapeuta le ayudaría a derrotar al "saboteador interno" y a hacer el trabajo necesario.

- El costo de los servicios del terapeuta debe estar al alcance de su presupuesto. No le intimide preguntar por los costos, y si las sesiones están cubiertas por su plan de seguro. Desde luego, el costo general será determinado por la duración del tratamiento. Dé los pasos de acción enumerados en *Creating Optimism: A Proven Seven-Step Program for overcoming Depression*, así como los que aparecen en este libro. Le ayudarán enormemente a acelerar su recuperación.

Puede usted experimentar una inmersión intensiva en nuestro poderoso programa de siete pasos para superar la depresión en nuestro internacionalmente aclamado Programa Uplift, el cual es patrocinado por un buen número de organizaciones internacionales, entre ellas la Universidad de Florida del Sur. A menudo nosotros personalmente damos estos cursos.

Hable con su hijo

Obtener la ayuda apropiada sirve para prevenir la infortunada tendencia de algunos padres de cargar sobre sus hijos problemas emocionales que ellos no pueden comprender y a cuya resolución no pueden ayudar, ni les corresponde. Pero eso no significa que deba —o en realidad pueda— mantener en secreto problemas como la depresión, la angustia severa o la adicción. Los niños, hasta los muy pequeños, supondrán que su infelicidad o su humor y conducta erráticos son, por alguna razón, culpa de ellos y en muchos casos pasarán el resto de sus vidas tratando de rescatarse (y después, a sustitutos) y castigándose por haber fallado.

Nunca culpe usted de su mal humor a algo que su hijo hizo o dejó de hacer. Puede decirle que determinadas acciones lo molestan o lo entristecen: "A mamá le duele cuando le pegas (o dices palabrotas, o rompes mis papeles)", pero evite vincular su estado de ánimo con la conducta del niño. "No es de sorprender que mami esté de mal humor cuando ustedes, chicos, pelean todo el tiempo." Esto es muy dañino y, sencillamente, no es verdad. Su hijo no es la causa de su depresión. Usted y su pareja deben explicar que a veces mamita o papito están alterados o hasta de mal humor, pero que eso no significa que el niño haya hecho algo malo. En realidad, puesto que la depresión proviene de su propia niñez, no es mala idea decir que lo que en realidad le está haciendo sentirse así ocurrió hace mucho, mucho tiempo, antes de que el niño naciera. Repita esto con frecuencia, en particular cuando se encuentre de mal humor. Pero diga que mamita (o papito) y muchas otras personas están ayudando y que pronto se sentirá mejor. Su hijo idealizará y después emulará la comunicación y la búsqueda del apoyo de otros, y verá resultados positivos.

Con los niños mayores podrá hablar más profundamente acerca de su problema, de dónde procede y qué lo desencadenó. Asegúrese de que comprendan que está tomando medidas para resolverlo y que la tarea no recae en ellos.

Consejo: Hable a menudo con su hijo acerca de sentimientos —los de usted y los de él— y explíquele que hasta los más tristes pasarán pronto. Así no lo preocupará oírle decir que usted está triste o deprimido.

OBSERVE SU CONDUCTA

Parafraseando un dicho atribuido a Thomas Jefferson, diremos: "El precio de liberarse de la depresión es la vigilancia eterna." Es vital vigilar su propia conducta hacia quienes lo rodean, en especial hacia sus hijos. A veces puede caer en conductas depresivas incluso antes de sentirse deprimido. Algunas señales que deberá vigilar son:

- Ira e irritabilidad, en particular contra quienes tiene más cerca.
- Casos en que se muestre demasiado crítico o discutidor.
- Distanciamiento: cancelar citas, no contestar el teléfono ni devolver llamadas, responder preguntas con monosílabos.
- Sueño excesivo o inoportuno.
- Falta de interés en lo que antes le gustaba, o falta de placer en general.

Estos comportamientos y sentimientos pueden ser señales equivalentes al canto del canario en una mina. Dígale de inmediato a su pareja, a sus amigos o al profesional en salud mental, y a su hijo si tiene más de tres años, que acaso esté usted a punto de tener una recaída. Así les dará la oportunidad de ser comprensivos y emprender acciones para ayudarlo. Cuanto antes active su red de apoyo, menos tiempo durará el episodio depresivo, y menor daño se hará al niño.

Mientras tanto, haga una pausa antes de emitir comentarios airados, críticos o perturbadores, sobre todo ante su hijo. Siempre ayuda contar hasta diez, especialmente si aprovecha ese tiempo para recordar que la fuerza de su ira proviene del pasado. Su hijo pequeño no está allí para dañarlo, de modo que tal vez le recuerde a su inconsciente una relación anterior que le causó dolor. Si se siente abrumado por emociones negativas, dese un "tiempo fuera". Llame a su pareja, amigo, practicante, incluso una línea telefónica de emergencia si cree que va a perder el dominio de sí mismo y hacerse daño o al niño. Si su hijo está a salvo durante un rato, tome una ducha o medite. En caso contrario, pida a un vecino o a un amigo que acuda a ayudarlo mientras da un paseo o hace algo para tranquilizarse.

> *Consejo: A menudo, no notamos nuestros síntomas depresivos. Pida a una persona en quien confíe que le diga franca y amablemente cuando note que usted se altera, se pone furioso, hace críticas o se aísla.*

DESARROLLE SU AUTOESTIMA

La falta de autoestima y de confianza en las propias capacidades son causas subyacentes de la depresión, y su surgimiento es un detonante de episodios depresivos. El sentido del propio valor de su infante será, en gran parte, reflejo del de usted, por lo que tiene doble importancia.

Por mucho que nos guste considerarnos autosuficientes en lo emocional, nuestra autoestima depende, en gran parte, del elogio que recibimos y de la consideración que otros nos muestran. Por tanto, su lista de necesidades debe expresar claramente cómo le gustaría que la gente lo elogiara y le diera importancia funcional en todas las áreas de su vida. Asimismo, tenga mucho cuidado de evitar no sólo las críticas de otros, sino también las que pueda hacerse a sí misma, como "que estúpido fui", o "esto puede parecer tonto, pero…" (No le gustaría que su hijo dijera estas cosas acerca de sí mismo, ¿verdad?¡No sea modelo de autodenigración!)

No es de sorprender que los valores desempeñen un papel fundamental en la auténtica autoestima. Una investigación reciente muestra que el modo en que fomenta el sentido de su propio valor y aquello que usted relaciona con éste son, en realidad, aspectos más importantes que si su autoestima es alta o baja. En 2004, Jennifer Crocker y Laura Park, de la Universidad de Michigan, descubrieron que muchas personas cimentan su autoestima en áreas superficiales (como lo que ganan, poseen o conducen), que luego defienden "en formas que socavan todo aprendizaje, capacidad de relacionarse, autonomía, autorregulación, y, con el tiempo, la salud mental y física. Los beneficios emocionales a corto plazo de buscar así la autoestima, a menudo son muy inferiores a los costos de largo plazo".[11]

Si, en cambio, su autoestima va dirigida hacia lo que Crocker y Park llaman "fines adaptativos" (metas psicológicamente valiosas), entonces "puede servir para promover resultados de largo plazo que son de gran valor para los individuos y para la sociedad".[12]

Para desarrollar una autoestima adaptativa para usted y sus hijos, puede serle útil volver a la declaración de la misión de la familia (véase el capítulo 10) y, con la ayuda de su pareja, amigos y tal vez un terapeuta, esfuércese por desarrollar su autoestima a partir de sus metas y valores auténticos. Además:

- Insista en que la gente lo elogie a menudo y apropiadamente, y que nunca lo critique.
- Asegúrese de que sus necesidades en todas las áreas de su vida estén cubiertos.
- Busque actividades que lo entusiasmen y cuyo proceso disfrute.
- Acepte las dificultades que tenga en torno de su desempeño laboral, desde dislexia hasta depresión, y permita que la gente lo ayude a ser competente en lo que hace.

EXPRESE UN OPTIMISMO APROPIADO

La depresión hace que la gente se vuelva negativa y pesimista, y esta negatividad puede ser una de las vías por las que transmita la depresión a su hijo. Tanto el optimismo como el pesimismo se aprenden en gran parte. Si usted dice constantemente "eso no funcionará", o "no vale la pena", ya sea que se hable a sí mismo o a su hijo, él llegará a creer que nunca nada resultará bien, incluido él mismo. Desde luego, ésta resulta ser una de esas profecías que acarrean su propia realización.

El optimismo auténtico y apropiado no es una confianza ingenua en que todo lo que ocurre es siempre para bien, ni consiste en decir perogrulladas positivas; consiste en adoptar una visión equilibrada. Asegúrese de que sus expectativas en cualquier situación sean razonables, de modo que usted mismo se prepare para el éxito y no para el fracaso.

He aquí algunas sugerencias para engendrar un optimismo apropiado:

- Conténgase antes de hacer un comentario negativo, y si lo hace, apresúrese a añadir uno positivo, por ejemplo: "pero aun si llueve mañana, cesará pronto, y podremos ir a dar un paseo".
- Rodéese, en lo posible, de personas optimistas. Su cerebro aprenderá de la visión de ellos.
- Pida a quienes lo rodean que le recuerden cuando van bien las cosas y que cuestionen, cuando sea apropiado y sin juzgarlo, sus opiniones negativas.
- Compare sus creencias acerca de resultados negativos con las de personas a quienes respeta y cuya visión equilibrada reconoce.
- Antes de emprender cualquier proyecto, discuta con su pareja, con sus colegas o amigos cuál sería un resultado razonable, y ponga la mira en él.

Aunque se necesita tiempo para convertir el pesimismo en optimismo, si su hijo ve que usted está desafiando su propia actitud pesimista, es mucho más probable que desarrolle una visión más equilibrada. De igual modo, mientras continúe esforzándose para superar su depresión, él aprenderá que a menudo los problemas pueden superarse con determinación… y un poco de ayuda de los amigos.

NOTAS

[1] N.S. Mauthner, "Postnatal Depression: The Significance of Social Contacts Between Mothers", *Women's Studies International Forum*, 18, núm. 3, 1995, pp. 311-323.

[2] Richard O'Connor, *Undoing Depression: What Therapy Doesn't Teach You and Medication Can't Give You*, Berkeley, Nueva York, 1999, p. 250.

[3] *Ibid.*, p. 251.

[4] C. Stanger, "Behavioral and Emotional Problems Among Children of Drug Abusers", *Psychiatric Times*, 20, núm. 2, 2003.

[5] Edmund Leach, *The Listener,* 30 de noviembre de 1967, p. 695.

[6] Anthony Stevens y John Price, *Evolutionary Psychiatry*, 2a. ed., Routledge, Londres, 2000.

[7] M. E. Pipe y J. C. Wilson, "Cues and Secrets: Influences on Children's Event Reports", *Developmental Psychology*, 30, núm. 4, 1994, pp. 515-525.

[8] Barry A. Farber, *et al.*, "Clients' Perceptions of the Process and Consequences of Self-Disclosure in Psychotherapy", *Journal of Counseling Psychology*, 51, núm. 3, 2004, pp. 340-346.

[9] Bjørn Grinde, *Darwinian Happiness: Evolution as a Guide for Living and Understanding Human Behavior*, Darwin Press, Princeton, NJ, 2002; Anthony Stevens y John Price, 2000.

[10] W. Van der Does, "Thought Suppression and Cognitive Vulnerability to Depression", *British Journal of Clinical Psychology*, 44, núm. 1, 2005, pp. 1-14.

[11] J. Crocker y L. E. Park, "The Costly Pursuit of Self-Esteem," *Psychological Bulletin*, 130, núm. 3, 2004, pp. 392-414.

[12] *Ibid.*

12

OTROS ELEMENTOS PARA LA CRIANZA OPTIMISTA

*

En contra de las creencias populares —y a veces, las profesionales—, los pensamientos pesimistas no *causan* la depresión sino que *resultan* de los mismos factores subyacentes al trastorno: el estrés y los traumas infantiles. De hecho, la depresión y el pesimismo son neurológicamente similares,[1] y nuestro programa de siete pasos aborda ambos. Fomentar un marco mental positivo en su niño ciertamente prevendrá la depresión, y este capítulo presenta otras estrategias para la crianza optimista.

Bajo circunstancias razonables, los niños son enormemente optimistas casi hasta los siete años de edad, según Kristi L. Lockhart, de la Universidad de Yale. Su estudio deja ver que los chicos de jardín de niños y de primer grado creen que la gente es capaz de lograr transformaciones increíbles, cambiando los rasgos negativos por positivos; que la persona menos inteligente puede volverse la más lista; y la más maligna, la más buena. Y hasta que es posible que un dedo que falta vuelva a crecer. Este optimismo innato alienta a los niños a abordar desafíos nuevos, a aprender nuevas habilidades, a arriesgarse con nuevas relaciones, y a perseverar.

Entre los siete y los diez años parece que se impone una visión más equilibrada pero todavía positiva, aunque los genes del niño desempeñarán su influencia al determinar si tiende más al riesgo o a la precacución.[2] Ambos puntos de vista son necesarios para el grupo cazador-recolector, aunque sin un optimismo prevaleciente nuestra especie se extinguiría.

Parte de la tarea de una familia es asegurarse de que este optimismo natural no ceda ante lo que Martin Seligman, profesor de psicología de la Universidad de Pennsylvania, llama "indefensión aprendida", un estilo de pensamiento pesimista resultante de constantes decepciones y frustraciones al que atribuye la epidemia de la depresión.[3]

LOS CINCO PRINCIPIOS DE LA CRIANZA OPTIMISTA

Existen cinco claves para tener una visión optimista, y es más fácil adquirirlas en una edad temprana. Estos principios del optimismo incluyen promover un sentido de dominio y competencia, abordando desafíos realistas, triunfando en ellos y perseverando. Las experiencias resultantes fomentan la esperanza de que las cosas resultarán bien y la resistencia ante las decepciones. Para inculcar en su hijo estos principios, anímelo a:

- "Aventarse".
- Aceptar tanto el éxito como el fracaso.
- Practicar.
- Planificar para obtener el mejor resultado.
- ¡Sí! Hacer del optimismo y de la confianza un hábito para toda la vida.

ANÍMELO A "ARRIESGARSE"

Los australianos, cuyos orígenes como prisioneros en un medio hostil los hicieron sumamente audaces, emplean mucho la expresión "aventarse", que significa correr un riesgo, intentar. Para animar a su niño a adoptar el hábito de "aventarse", ofrézcale, desde el principio, la mezcla adecuada de apoyo y desafío. Los niños son exploradores por naturaleza y encontrarse en un ambiente rico en colores, movimiento, texturas y toda una variedad de superficies les ayudará a comenzar el emocionante proceso sensorial y cinestético de dominar su mundo. Usted ofrece la seguridad y el aliento, mostrándole al niño lo complacido que queda a cada intento de algo nuevo, y ofreciéndole ayuda cuando la necesita.

El infante aprende por medio de juegos como las escondidas, y siguiendo el rostro de usted o los objetos con la mirada y el oído. Al avanzar en edad, los juegos lo animan a emplear nuevas palabras o a subir sobre objetos difíciles de escalar para alcanzarlo a usted o a su juguete favorito. A los cuatro o cinco años, puede aceptar retos mayores, por ejemplo leer o bien orientarse hacia la casa (con usted) desde lugares cada vez más lejanos. Recuerde que lo que desea es su apoyo, su elogio, aún más que la "meta" hacia la que está esforzándose.

Consejo: Es importante desarmar los juegos en piezas manipulables para que el niño pueda armarlos. Nunca le haga saber que está usted decepcionado si él falla, pues podría dejar de hacer el intento.

ACEPTE ÉXITOS Y FRACASOS

Una estrofa del poema "Si...", de Rudyard Kipling, lo dice todo acerca del optimismo equilibrado:

Si puedes enfrentar el Triunfo y el Desastre
trata por igual a esos dos impostores...

Aunque debe hacer todo lo posible por asegurar que el niño experimente triunfos conforme va dominando su mundo, también enséñele que no todos triunfan todas las veces. ¡Hasta Superman tenía que enfrentarse a la kryptonita! El optimismo significa que su niño pueda aceptar el hacer mediocremente una tarea particular sin tener que creer, por ello, que sus esfuerzos siempre resultarán mal. Más aún, que puede fallar y sin embargo conservar su sentido de que es una persona digna.

A menudo surgen problemas cuando los padres inconscientemente relacionan su propia autoestima con los logros de su hijo. Si se siente inconforme con los logros de su hijo (o con la falta de ellos), pregúntese cómo afecta ese sentimiento su propia autoestima, y cuáles eran las reacciones de sus padres en relación con usted cuando era niño.

La forma en que "enmarca" —o pone en contexto— el resultado de un hecho particular determinará para su hijo, en gran medida, su reacción, y le enseñará cómo interpretar, en el futuro, tales situaciones. Elogiarlo por intentar y por el modo en que hizo algo y no sólo por el resultado, le ayudará a mantener la confianza y a seguir perseverando. Por ejemplo, si el niño pierde una competencia de natación, comprenda su sentimiento si se siente triste o frustrado, pero añada algo, como: "Creo que lo hiciste muy bien. No te rendiste y moviste los brazos exactamente como lo practicaste en la clase."

Ser capaz de aceptar un fracaso particular como parte del proceso de la vida y no como un desastre significa no "catastrofizar" los fracasos. Dice Seligman: "El fracaso […] quizá disminuya durante un tiempo la autoestima, pero lo que puede ser más dañino es la interpretación que el niño dé al fracaso."[4]

Por ejemplo, si su hijo interpreta un problema de lectura, de leer mal una frase, diciendo "*nunca* aprenderé a leer", o el que unos amigos se pongan a jugar sin incluirlo como "*nadie* me quiere", se sentirá mal acerca de sí mismo y de la vida en general. Usted podrá ayudarlo indicándole que estos hechos negativos no son permanentes ni absolutos, sino temporales y específicos. Enmarque sus experiencias bajo una luz más positiva, diciéndole cosas como: "Ya sé que esto es frustrante, pero esa frase era realmente difícil, ¡y leíste bien todas las demás!" O bien: "El que no te hayan invitado esta vez no significa que nadie te quiere. Tal vez ni siquiera te vieron." Muéstrese empático con sus sentimientos, no importa cuales sean, y dígale la verdad tal como usted la ve, y si sólo está dando una opinión, dígalo.

Palabras como *siempre* y *nunca* son indicadores de lo que Seligman llama un "estilo pesimista permanente". Dice Seligman: "Las personas que se rinden fácilmente creen que las causas de los hechos malos que les ocurren son permanentes; los hechos malos persistirán, y siempre estarán allí para afectar sus vidas. Las personas que se resisten a la indefensión saben que las causas de los hechos malos son temporales."[5]

Los niños —y muchos adultos— necesitan aprender que el elemento constante más importante de la vida son las relaciones cercanas, las cuales aportan seguridad y fomentan la felicidad.

Con excesiva frecuencia, los adultos se concentran tanto en el objetivo último que pierden la capacidad de disfrutar del proceso. Y sin embargo, la mayor parte de nuestra vida transcurre en el proceso: estudiar para obtener un diploma, hacer ejercicio para ponerse en forma o mantenerse en buena condición, viajar hacia un destino. En realidad, ciertos estudios constatan que los grandes acontecimientos como un ascenso o una casa nueva no afectan nuestro carácter general tanto como nuestras experiencias cotidianas. Los niños tienen el don de enfocar intensamente el presente sin preocuparse por el resultado. Aunque tal vez requiera inculcar un toque de realismo (dentro de poco hablaremos acerca de la gratificación aplazada), subraye el placer del proceso. Ejemplifique este enfoque organizando su vida, dentro de lo posible, en torno de los procesos que disfruta, y no de lo que siente que "debiera" hacer o de lo que cree que conducirá a un cierto objetivo. El viaje de la vida es, casi todo, puro proceso, y la mayor parte de los triunfos y desastres no son más que hitos en el camino.

> *Consejo: Anote cada una de las veces en que dice "siempre" o "nunca" en un día... ¡Y luego piense en el mensaje que está transmitiendo!*

PRÁCTICA Y PERSEVERANCIA

Alentar a los niños a practicar sus habilidades y a perseverar es algo que puede intensificar su sensación de dominio y de competencia, y a crear lo que los psicólogos Robert Brooks y Sam Goldstein llaman "islas de competencia". En *Raising Resilient Children*, escriben: "Se trata de actividades que los niños hacen bien, que les gusta hacer, que les granjean halagos y, lo más importante, que reconocen como virtudes personales".[6]

Aun si al principio los niños que tienen muy poca confianza parecen no hacer caso a los comentarios positivos (lo que hace que sus padres se sientan frustrados y reduzcan la retroalimentación positiva), es importante sostener el elogio. "La verdadera autoestima, la esperanza y la resistencia se basan en que el niño experimente el éxito en áreas de su vida que él y otros consideren importantes", dicen Brooks y Goldstein. "Esto exige que los padres identifiquen y refuercen las islas de competencia del niño [...] cuando los niños descubren sus fortalezas, entonces están más dispuestos a enfrentar incluso aquellas áreas que han demostrado ser problemáticas."[7]

Para un niño pequeño caminar es un gran logro, que él está "programado" para conquistar. Dele usted los medios —objetos para apoyarse, elogio cuando da un paso, una mano si él la busca— y él activará, brillantemente, esta capacidad innata. Practicar su capacidad de caminar incluye caer y volver a levantarse. Si usted muestra impaciencia, lo apresura o trata de tomarle siempre las manos para que no se caiga, él no ganará confianza ni un sentido de dominio (también podrá tener, más adelante, dificultades para aprender). No descubrirá cómo aprender nuevas habilidades mediante experimentación, ni sabrá cuándo pedir la ayuda apropiada. Aprenderá que si las cosas no van bien desde el principio, hay que renunciar y dejar que alguien lo rescate o le resuelva el problema: en otras palabras, se volverá un ser indefenso.

Recuerde que todos los niños tienen su propio ritmo y su manera de hacer las cosas. Su hijo desarrollará islas de competencia en torno de actividades que despierten su entusiasmo y su curiosidad, ¡no necesariamente los de usted! Tenga cuidado de no imponerle sus intereses y su ritmo. La idea no es criar una copia al carbón de usted ni un niño precoz, sino un ser humano optimista, resistente y, en última instancia, autónomo.

 Consejo: Permitir a su niño verlo practicar y perseverar en actividades que le gustan le enseñará a hacer lo mismo.

PLANEAR PARA EL MEJOR RESULTADO

La elección entre una recompensa inmediata y una mayor, pero aplazada establece en nuestros cerebros un conflicto entre el centro emocional —que es impulsivo y optará por la satisfacción inmediata— y la corteza central, más racional, que puede planear y aceptar una recompensa aplazada.[8]

La investigación ha demostrado que los niños capaces de aceptar recompensas aplazadas desde muy pequeños suelen desempeñarse mejor en la escuela, luego en sus carreras y en la vida en general. Y también son más optimistas. Los estudios de Angela Prencipe y Philip David Zelazo, de la Universidad de Toronto, han mostrado que los niños de dos años eligen recompensas menores pero inmediatas por encima de las mayores pero aplazadas. Su corteza no ha crecido lo suficiente para permitirles razonar y planificar. Para cuando llegan a los cuatro años, son capaces de aplicar mayor raciocinio a las situaciones y aceptar una recompensa aplazada. Como escriben Prencipe y Zelazo: "Los niños de cuatro años pueden representarse mejor los múltiples aspectos de un problema, formular un plan, tener en mente ese plan y actuar a partir de él, intencionalmente."[9]

Los niños con problemas de déficit de atención, como TDAH, acaban teniendo grandes dificultades para hacer planes. Un apego inseguro, que engendra el temor de que la madre se vaya (y haya que aferrarse a ella) puede inhibir, asimismo, la capacidad de aceptar la recompensa aplazada.

La mejor manera de enseñar a niños de cuatro años y más a planificar para el futuro consiste en animarlos a reflexionar sobre la situación y en mostrarles cómo opta usted por una recompensa futura que añade un valor real a su vida, en lugar de una satisfacción inmediata. Por ejemplo, explíqueles que usted no está tomando crema agria con sus papas, porque aunque de momento sabe bien, después su cuerpo podría sentirse mal. Y aunque usted quisiera tener una casa con un jardín más grande para jugar, está aguardando hasta tener más dinero en el banco para poder comprarla, y no tener que preocuparse. Explicar las virtudes de planificar o de aguardar no servirá de nada si usted no planea y no aguarda.

Obviamente, garantizar que los niños se sientan seguros en sus relaciones también es vital, como lo es alentarlos a esperar buenos resultados. Tener un realismo optimista significa saber que a menudo, tal vez en la mayoría de las ocasiones, las cosas que usted desea y para las que vale la pena hacer planes, sucederán. Es importante que la alegría natural de un niño al verse incluido en el proceso de planificación. Haga que los niños participen en la planificación de cosas agradables: un viaje a la playa, la compra de un perrito, una salida al zoológico, o la visita de un amigo o un pariente.

Para ayudar a su pequeño a aprender la habilidad de planificar a corto plazo, considere lo siguiente:

- Cédale a su niño una parte de la planificación, como la ropa que se pondrá o los mejores lugares del barrio para pasear al nuevo perrito.
- Fomente juegos y actividades que exigen estrategia y trabajo en equipo entre los hermanos y/o toda la familia, como la búsqueda de tesoros.
- No lo precipite. Dele tiempo para reflexionar sobre lo que desea y para planificarlo. No espere que sus ideas sean enteramente racionales y no se burle si no los son. Si algo que él planeó no funcionaría, explíquele por qué y haga sugerencias de lo que podría salir bien.
- Haga lo que dice usted que va a hacer, o infórmele cuando cambie los planes. Su seguridad emocional dependerá de saber que las personas que idealiza son dignas de confianza.
- No espere que un niño de menos de cuatro años se muestre contento de aplazar las cosas buenas; simplemente, explíquele que eso, a veces, es necesario.

CÓMO LLEGAR AL ¡*SÍ*!

En última instancia, el optimismo es el hábito de toda una vida que gira, en gran parte, en torno de lo que llamamos "Llegar al ¡Sí!" "¡Sí! Puedo construir una casa de Lego!" "¡Sí! ¡Puedo dar una voltereta!" "¡Sí" ¡Puedo hacer sonreír a mamá!" Es una confianza que consiste en evaluar con realismo lo que podemos hacer y lo que no, en no permitir que un fracaso nos desanime, y en obtener reconocimiento de quienes nos importan por nuestras capacidades.

El optimismo y la resistencia surgen de triunfar aun después de fracasos, a veces, incluso, grandes. Javier, quien nació con una incapacidad que le impidió el uso del brazo derecho (el dominante), desarrolló una afición al tenis, probablemente porque sus dos padres lo practicaban. En lugar de decirle que no podía jugar, sus padres y después sus maestros lo alentaron. En edad preescolar, envió miles de pelotas sobre la red a sus padres pacientes. Al crecer y entrar en competencias, perdió muchos juegos antes de adquirir un dominio del juego, pero sus padres nunca dejaron de alentarlo, y él nunca desistió de practicar. Desarrolló un tremendo saque por debajo del brazo, con sólo el izquierdo, y con el tiempo desarrolló su propia isla de competencia y ganó partidos hasta contra personas que no tenían ninguna incapacidad. Nunca llegó a Wimbledon, pero con apoyo y persistencia conquistó el "¡Sí!"

Con los principios de optimismo dará usted a su niño la base para muchas experiencias "¡Sí!" y una visión "¡Sí!" para toda su vida.

NOTAS

[1] J. H. Meyer, *et al.*, "Dysfunctional Attitudes and 5-HT2 Receptors During Depression in Self-Harm", *American Journal of Psychiatry*, 160, núm. 1, 2003, pp. 90-99.

[2] Kristi L. Lockhart, *et al.*, "Young Children's Beliefs About the Stability of Traits: Protective Optimism?" *Child Development*, 73, núm. 5, 2002, pp. 1408-1430.

[3] Martin Seligman, *Learned Optimism: How to Change Your Mind and Your Life*, Random House, Nueva York, 1991; Martin Seligman, *The Optimistic Child: Proven Program to Safeguard Children From Depression and Build Lifelong Resistance*, Harper Perennial, Nueva York, 1996.

[4] Martin Seligman, 1996, p. 14.

[5] Martin Seligman, 1991, p. 44.

[6] Robert Brooks y Sam Goldstein, *Raising Resilient Children: Fostering Strength, Hope, and Optimism in Your Child*, Contemporary Books, Lincolnwood, IL, 2001, p. 135.

[7] *Ibid.*, p. 13.

[8] G. Ainslie y J. Monterosso, "A Marketplace in the Brain", *Science*, 306, núm. 5695 2004, pp. 421-423.

9 Angela Prencipe y Philip David Zelazo, "Development of Affective Decision-Making for Self and Other: Evidence for the Integration of First- and Third-Person Perspectives", *Psychological Science*, 16, núm. 7, 2005, pp. 501-505.

13

CÓMO SUPERAR TRASTORNOS DEL DÉFICIT DE ATENCIÓN SIN MEDICAMENTOS

*

A la actual preocupación por los antidepresivos para niños ya se había anticipado la enorme controversia, que aún continúa, por la prescripción rutinaria de anfetaminas como el Ritalin para el trastorno del déficit de atención (TDAH) y el trastorno de hiperactividad por déficit de atención (TDAH).

En 2004, la Medco, la más grande empresa de medicinas por prescripción en los Estados Unidos, informó de un aumento, en los cinco años anteriores, de 369 por ciento en prescripciones de medicinas contra el TDA/TDAH para niños. Muchos investigadores dudan de la eficacia de estos medicamentos y están sumamente preocupados por sus efectos colaterales, que incluyen falta de apetito, insomnio, psicosis (cuando se los toma en grandes dosis) y depresión, que pueden manifestarse incluso años después de haber suspendido el consumo de las anfetaminas.[1]

Va creciendo la suposición de que estos "trastornos" no son, en absoluto, una enfermedad mental, sino sencillamente una expresión de la niñez o, en algunos casos, del modo en que la depresión y la angustia se manifiestan en los niños. Dado que nuestra sociedad no sabe cómo enfrentarse a la energía y a las grandes exigencias de algunos niños, estamos acabando con su niñez con base en las medicinas.

EL DILEMA DEL DIAGNÓSTICO

En 2000, los Institutos Nacionales de Salud (NIH, por sus siglas en inglés), declararon que la diversidad de opiniones acerca del TDA/TDAH "plantea preguntas concernientes a la existencia literal del trastorno, y sobre si se le puede diagnosticar en forma confiable". El doctor Peter Jensen, del Instituto Nacional de Salud Mental (NIMH, por sus siglas en inglés), añadió que el TDA/TDAH continúa en estado "no demostrado", lo cual "debe hacer reflexionar a investigadores y clínicos que han materializado el TDAH como una 'cosa' o 'auténtica entidad' (y no como una *hipótesis de trabajo)*".[2]

Aunque muchos estudios han intentado probar que el TDA/TDAH es un trastorno neurológico, no se ha demostrado que sea más que una colección de síntomas al parecer relacionados, por lo cual es muy fácil cometer un error de diagnóstico. Bien puede haber una verdadera base neurológica para algunos casos del trastorno, pero esto, a juzgar por los estudios, parece ser sumamente raro.

Según la "Biblia" de los psiquiatras, el *Diagnostic and Statistical Manual of Mental Disorders* (DSM IV), el niño con TDA/TDAH manifiesta una combinación de varios síntomas, que incluyen impulsividad, dificultad para concentrarse y completar tareas, continuos olvidos, aparente falta de atención cuando se le habla, fácil distracción, frecuente inquietud y "excesos" al correr, trepar o hablar. Esta gama de síntomas podría aplicarse a casi cualquier niño, en particular a cualquier niño en edad preescolar.[3] Algunos niños a quienes se diagnosticó TDA/TDAH son, tan sólo, excepcionalmente inteligentes y están muy poco estimulados. Estos síntomas también pueden presentarse en un niño con depresión, angustia, desorden bipolar (depresión maniaca), hipoglucemia y dislexia, o toda una gama de otros trastornos para los cuales los tratamientos contra TDA/TDAH no sólo son inapropiados sino peligrosos.

La Asociación Pediátrica Americana (APA) claramente sugiere que los pediatras no deben diagnosticar TDA/TDAH en una sola sesión. No acepte usted un diagnóstico de TDA/TDAH sin toda una serie de sesiones con un profesional especializado en esta área, y aun entonces, busque una segunda opinión. Resista la presión de cuidadores y maestros de que debe medicar a su hijo.

MEDICACIÓN DE LOS NIÑOS

A los niños varones se les diagnostica TDA/TDAH con mucho mayor frecuencia que a las niñas (según el Departamento de Salud y Servicios Humanos de los Estados Unidos, la proporción es de cerca de 4:1),[4] y muchos de sus "síntomas" son, en realidad, comportamientos que preparaban a los chicos de la Edad de piedra para su papel de cazadores y que siguen integrados en los genes. Un joven aprendiz de cazador tenía que ser sumamente activo, rápido, fuerte y curioso. Necesitaba estar "hiperalerta" ante cualquier señal de peligro y tener, casi todo el tiempo, una atención breve y dispersa, en lugar de muy enfocada. Aprendía a cazar observándolo todo, experimentando con sus sentidos, trepando sobre rocas y árboles y participando en dinámicos juegos de cazar y ocultarse, no necesariamente por medio de palabras, y ciertamente no leyendo ni viendo televisión. Los niños de la Edad de piedra no tenían que andar con cuidado para no romper la porcelana cara o valiosas antigüedades ni seguir instrucciones complicadas o estar sentados durante largos ratos.

En cambio, hoy los niños se ven obligados a permanecer durante gran parte del día entre cuatro paredes; se les prohíbe ser ruidosos; se les ordena mantenerse tranquilos y calmados; y se les castiga, a veces severamente, tan sólo por hacer lo que sus genes les dictan. En su libro *Darwinian Happiness,* el biopsicólogo Bjørn Grinde escribe: "El juego rudo y ruidoso es una tendencia conductual innata, que tiene importancia, y suprimir esta actividad es una contradicción entre nuestro entorno y nuestros genes, y puede tener consecuencias inesperadas."[5] Según Grinde, el Ritalin y otras anfetaminas similares sólo reducen el deseo natural de juguetear.[6]

Estas medicinas —y hasta la depresión que pueden engendrar— hacen que los niños sean más obedientes y fáciles de someter a un horario severo, a una rutina de todo el día o a un aula atestada.

Aunque también las niñas sufren de la inactividad y supresión impuestas, están "programadas" de manera diferente para su función original de madres y cuidadoras. Siendo mejores para la comunicación y para responder a los caprichos de otros y (tal vez por condicionamiento social) a menudo más tranquilas y dispuestas a complacer a las autoridades, a menudo esto les da una gran ventaja en las guarderías y los salones de clase.

CÓMO SUPERAR LA CONDUCTA TDA/TDAH

La supresión de los comportamientos naturales puede exacerbarlos, como bien lo sabe cualquiera que haya tenido que enfrentarse a niños pequeños que hayan estado sentados en casa durante todo el día. Aunque se diagnostica TDA/TDAH en exceso, algunos niños en realidad sí sufren de formas extremas de estos síntomas, los cuales en general tienen su origen en el entorno emocional y físico del niño: por ejemplo, un trauma, malos estilos de crianza, insuficiente apego maternal y una dieta dañina. En realidad, dada la relación entre los problemas de conducta y una deficiente conexión temprana con la madre, algunos investigadores han llamado al TDA, "un trastorno de déficit del cariño".[7]

En un importante artículo aparecido en el *Medical Journal of Australia*, los doctores George Halasz y Alasdair Vance, del Centro Médico de la Universidad Monash de Australia, pidieron poner mayor atención a los factores ambientales que hay tras el problema y propusieron unos enfoques centrados en la familia, y libres de medicamentos.[8]

No hay píldora que ataque las causas subyacentes del TDA/TDAH. Lo más que pueden hacer el Ritalin y sus "primos" farmacológicos es reducir algunos síntomas. Pero la mayor parte de estos síntomas pueden superarse sin el consumo de medicinas y con una consistente aplicación de cinco principios asombrosamente sencillos.

1. Paciencia.
2. Límites.
3. Juego.
4. Naturaleza.
5. Tiempo.

CULTIVE LA PACIENCIA

Muchos de los síntomas del TDA/TDAH son resultado de falta de paciencia y comprensión por parte de los padres, los cuidadores y los maestros.

Desde la edad de diez meses, Elías pareció distinto. A diferencia de sus hermanas mayores, que eran el orgullo y la alegría de sus padres, él tardó en decir frases completas, y hacía berrinches por su frustración al sentirse incapaz de comunicarse. Le enfurecía todo cambio de rutina, se espantaba con facilidad y hacía rabietas cuando no se cumplían sus deseos. Ruby, la madre de Elías, era una conocida personalidad de la televisión que pasaba gran parte de su tiempo en el estudio. Su padre, Leonard, era un próspero hombre de negocios, pasaba poco tiempo en el hogar y deseaba que Elías, al crecer, fuese como él: listo, ingenioso y rico. Como Elías no cumplía las expectativas de su padre, Leonard, decepcionado, empezó a irritarse. Siguiendo el ejemplo de sus padres, las hermanas de Elías comenzaron a desdeñarlo y a burlarse de él, lo que lo hizo más asustadizo, torpe y lento en el aprendizaje. A las cuidadoras de Elías, que lo atendían durante cinco días de la semana en las horas de trabajo regulares de sus padres, y con frecuencia más tiempo, les parecía alborotador, distraído e hiperactivo, y pidieron que se le diera medicación. Tras una breve consulta, un pediatra diagnosticó TDA/TDAH y prescribió el Ritalin.

Al cabo de un año, cuando los síntomas de Elías habían empeorado a pesar del tratamiento, otro pediatra recomendó a sus padres con Bob, quien los convenció de que dieran al niño, ya de cuatro años, la paciencia y la comprensión que tanto necesitaba. Bob les enseñó cómo enfrentarse a la frustración de Elías con tareas sencillas, "dividiendo en fragmentos" una orden o una actividad en fases pequeñas que él pudiera captar y aguardaran hasta que él indicara que comprendía cada parte, antes de seguir adelante. Por ejemplo, el vestirse se volvió un ritualizado proceso de ponerse, paso a paso, la ropa interior ("Bien. ¿Listo?"), camisa ("Bien. ¿Listo?"), pantalones ("Bien, ¿Listo?"), calcetines ("Bien. ¿Listo?") y zapatos ("¡Sí!"). La familia inventó una tonada que llevara el ritmo de estas actividades, lo que nunca dejó de encantar al niño. Al crecer su confianza en la simple tarea de vestirse, también aumentó su capacidad de enfrentarse a la frustración y a tareas nuevas.

Bob también recomendó a los padres permitir que Elías abordara las tareas a su propio ritmo siempre que fuera posible; sin hacerlas ellos mismos ni apresurarlo. Ciertos estudios han mostrado que, en general, los niños se desempeñan mucho mejor si sus padres les permiten descubrir cosas por sí solos y sin darles consejos o ayuda innecesarios.[9] Con un niño hiperactivo o con déficit de atención, esto es especialmente cierto. Darles órdenes o apresurarlos produce un alejamiento y una aparente falta de atención.

Además, los niños de menos de cuatro años no tienen un verdadero sentido del tiempo en la acepción que los adultos dan a esta palabra. Enfurecerse con un niño que empieza a andar porque "se tarda" resulta contraproducente. Hasta "¡Tienes que estar listo en diez minutos!" es un sinsentido: para él, ¡diez minutos son todo el tiempo del mundo! Él obtiene su concepto del tiempo por medio de los hechos rutinarios —desayuno, escuela, almuerzo, juego, comida, baño, hora del cuento, cama—, todos los cuales tienden a ocurrir en secuencia regular y a determinada hora, cada día.

Bob también hizo ver que Elías no era tonto ni incapaz de prestar atención sino que, como la mayoría de los menores de cuatro años, tenía dificultades con las decisiones complejas, el control de sus impulsos y los conceptos abstractos.[10] Cuando sus padres supusieron que era incapaz de concentrarse o que trataba de irritarlos al insistir, por ejemplo, en que una pelota blanca era de color marrón, Bob les explicó que, como el niño llevaba lentes para el sol, la pelota en realidad le parecía de color marrón. Dado que los niños pequeños no tienen el concepto de un estado permanente, la pelota era marrón hasta que se quitó los lentes, y entonces resultó blanca.

Los padres de Elías aprendieron a ayudarle a tomar decisiones, no abrumándolo con excesivas opciones ni indicándole una sola posibilidad. En cambio, le dieron opciones limitadas: jugo de naranja o de uva, en lugar de ofrecerle cualquier bebida que hubiera en el supermercado; o bien, ir al parque o dar la vuelta a la manzana.

La paciencia dio buenos frutos con Elías y, con las siguientes técnicas, dio por resultado un cambio notable en pocos meses. "Ha sido trabajo arduo", reconoce Ruby, quien redujo sus horas de trabajo para pasar más tiempo con el niño. "Y hubo veces en que pareció retroceder y yo realmente me sentí decepcionada. Pero como no perdimos la paciencia ni la resolución, empezamos a notar enormes cambios. Nos alegra informar que estos cambios han durado casi un año."

 Consejo: Si su niño muestra síntomas de TDA/TDAH, establezca unas rutinas y apéguese a ellas lo más posible. Explique todas las desviaciones, de antemano, para que él pueda adaptarse.

MANTENGA LÍMITES FIRMES

Después de la paciencia, lo que un niño al parecer hiperactivo necesita es contar con límites firmes y predecibles. Él obtiene su sentido de autocontrol mediante los frenos externos que se le ponen. Usted debe ser muy claro acerca de la conducta que permitirá y la que no permitirá, y estar preparado para que esos límites sean desafiados una y otra vez. Cuando regañe a un niño hiperactivo o con déficit de atención, deberá hacerlo con toda calma y, de ser posible, de inmediato, para que él pueda ver con toda claridad la causa y el efecto.

Usted y su pareja deben decidir lo que es más importante para ustedes y para el bienestar del niño y enfocar inicialmente el cambio de esas conductas. No trate de controlarlo todo; cuanto menos cosas deba tener en mente el niño en todo momento, mejor.

Deberá usted ser muy firme con toda conducta que en realidad pueda causar síntomas parecidos a los de TDA/TDAH, como tiempo excesivo de televisión y la dieta. Un estudio efectuado en 2004 por investigadores de la Universidad de Washington, en Seattle, y publicado en la revista *Pediatrics* mostró que la probabilidad de que un niño desarrollara TDA/TDAH aumentaba en proporción directa con las horas de televisión que veía cuando empezaba a caminar.[11] La mayor parte de los investigadores recomienda que a los niños que comienzan a caminar y en edad preescolar se les permita ver televisión menos de dos horas al día.

Toda una vasta gama de alimentos naturales y procesados parecen estar relacionados con problemas de déficit de atención. Los más frecuentemente mencionados en los documentos de investigadores incluyen el azúcar, los aditivos y la cafeína. Se ha confirmado que las dietas que los eliminan son tan eficaces como los medicamentos para reducir síntomas de TDA/TDAH,[12] y sin embargo, estudios efectuados en años recientes han revelado un aumento del consumo de sustancias que limitan la capacidad de un niño para concentrarse o estar atento.[13] Propóngase descubrir cuáles son los alimentos saludables y naturales que le gustan a su niño, y asegúrese de que toda la familia adopte una dieta sana.

No olvide el cónclave familiar cuando fije estas importantísimas reglas. Seguir ustedes mismos muchas de esas misma reglas (demasiada televisión y comida chatarra tampoco son buenos para usted ni para otros miembros de su familia) y permitir que el niño opine acerca de las consecuencias podrá ayudarle a sentir que no se le están imponiendo sólo a él, arbitrariamente. Si prohíbe usted la comida chatarra al niño pero deja cerca de él alimentos que no debe consumir, estará usted buscándose dificultades.

También es muy importante que los padres se fijen límites claros entre sí. Las discusiones entre los padres y otros problemas en el ambiente hogareño son algunas de las principales causas de conducta TDA/TDAH.[14] Un estudio dirigido por investigadores de la Universidad Católica de Lovaina, en Bélgica, reveló que los niños cuyas madres habían sufrido problemas maritales o de otra índole durante las primeras 22 semanas de embarazo eran los más propensoś al TDA/TDAH.[15] Las nuevas guías para pediatras les exigen que pregunten por el ambiente hogareño de un niño, como parte de su primera sesión normal.

Consejo: Si hay determinados lugares, como el supermercado o el centro comercial, en que el niño tenga un mal comportamiento, evite llevarlo allí hasta haber aplicado durante un tiempo su nuevo régimen de reglas firmes y claras y ver los resultados.

PROMUEVA EL JUEGO ACTIVO

El juego es la manera en que los niños se preparan para la edad adulta y las relaciones. El profesor Anthony Pellegrini, de la Universidad de Minnesota, se encuentra entre un grupo creciente de investigadores que han relacionado el TDA/TDAH con la falta de ejercicio y, lo que es más importante, con la falta de oportunidades de jugar para un niño.

En un informe del año 2002, Pellegrini atribuyó el incremento en conductas desordenadas y antisociales al aumento de actividades en el aula, a expensas del recreo y los descansos. Lo que está ocurriendo en las escuelas se refleja en los jardines de niños y en los hogares, donde hasta a los niños más pequeños se les mantiene en casa y se les exige practicar labores escolares.[16]

Para fomentar un temprano desarrollo cognitivo, la socialización y el aprendizaje, son básicas; además de combatir el TDA/TDAH, dele al niño mucho tiempo para actividades físicas, especialmente con la familia y con otros chicos.

> *Consejo: Para que los niños puedan irse temprano a la cama, asegúrese de que papá tenga tiempo suficiente, durante el día y al atardecer, divertirse con ellos con los juegos rudos y retozos que les encantan a los niños. La excitación inmediatamente antes de irse a la cama dificultará calmarse al niño, y mantener una rutina del sueño es algo que tiene importancia especial para un niño con TDA/TDAH.*

PONGA EN CONTACTO A SU NIÑO CON LA NATURALEZA

"Nuestros descubrimientos indican que el contacto con el medio natural en el curso de las actividades comunes después de la escuela y durante los fines de semana tiene un gran efecto en la reducción de los síntomas de déficit de atención en los niños", dice la profesora de ciencias del ambiente y de psicología Frances Kuo, de la Universidad de Illinois, en un comunicado de prensa sobre su trascendental estudio efectuado en 2004. Kuo observó que el simple hecho de estar entre la naturaleza "puede ofrecer una vía fácilmente alcanzable para combatir los síntomas de TDAH, que no tiene ningún estigma, que no cuesta nada ni tiene efectos colaterales… ¡excepto, tal vez, algunos moretones!"[17]

No es de sorprender que al alejamiento de la naturaleza se le vincula cada vez más con la depresión y en el TDA/TDAH, ya que ambos problemas tienen prácticamente el mismo origen, a menudo se presentan en los mismos niños y, en algunos casos, pueden corresponder a un mismo trastorno.

Nosotros hemos visto mejorar de manera notable los síntomas de TDA/TDAH cuando al hogar se trae una mascota, en especial un perro. Los perros de ciertas razas son mansos pero juguetones, protectores y robustos, como el *golden retriever*, el *collie*, el labrador o algunas de razas cruzadas. Muchos estudios han mostrado que simplemente estar cerca de un perro (o un gato) reduce el estrés y, bajo la guía de los padres, aumenta un sentido de responsabilidad en los niños.[18]

Cuando la madre de Danny vino a ver a Alicia, porque estaba sufriendo de depresión, trajo a su niño de cinco años al consultorio suburbano que por entonces teníamos en Nueva York. A Danny se le había diagnosticado TDA/TDAH, y la depresión de su madre se intensificó severamente por su supuesta incapacidad de criar a un niño tranquilo y obediente.

Danny quedó encantado enseguida con Biscuit, nuestro manso *golden retriever* cruzado con *collie*, al que habíamos rescatado de la perrera municipal. Alicia sugirió que Danny y Biscuit se conocieran bien durante la sesión de la madre, bajo la mirada vigilante de nuestra recepcionista, y pronto los dos estuvieron correteando de un lado para otro, por el jardín. Cuando la madre de Danny terminó la sesión, encontró que su hijo "hiperactivo" estaba sentado con toda tranquilidad junto al enorme perro, bien concentrado en acariciarlo y hablándole con tono suave. "¡Dios mío! Nunca lo había visto tan tranquilo", susurró, como temerosa de romper el encanto. "¡Mañana compraremos un perro!"

Otras maneras de exponer a su niño al poder curativo de la naturaleza son:

- Llévelo regularmente a un parque o a una reserva natural, a jugar o caminar.

- Asígnele una habitación desde la cual puedan verse árboles o pasto. Si esto no es posible, ponga en su cuarto imágenes de la naturaleza.
- Visite un centro natural cuyas exposiciones estimulen la curiosidad de los niños acerca del mundo natural, o a una tienda de animales en que pueda acariciarlos.
- Si tiene una mascota, demuestre el cariño que le tiene al animal y la alegría de estar con este miembro de la familia. Dé instrucciones claras sobre cómo tratar a su perro y asígnele al niño una tarea para cuidarlo.

DEDÍQUELE SU TIEMPO

Todos estos principios ayudarán muchísimo a aliviar, si no a disipar, los síntomas de su niño, y su costo es en realidad poco o nulo. Pero todos requieren una cosa: tiempo. Su tiempo, con su hijo. Tiempo para comprender lo que realmente está pasando o lo que causó el problema; tiempo para aprender a tener la paciencia de tratar con un niño hiperactivo pero que puede ser talentoso; tiempo para fijar y hacer respetar los límites; tiempo para jugar e inventar juegos nuevos e interesantes; tiempo para salir al campo o al parque; tiempo para elegir una mascota y enseñar a su niño cómo tratarla y cuidarla. Simplemente, tiempo. Es el don más importante que puede usted dar al niño.

NOTAS

[1] R. Birrer y S. Vemuri, "Depression in Later Life: A Diagnostic and Therapeutic Challenge", *American Family Physician*, 69, núm. 10, 2004, pp. 2375-2389.

[2] National Institutes of Health, Consensus Development Conference Statement, "Diagnosis and Treatment of Attention-Deficit/Hyperactivity Disorder (ADHD)", *Journal of the*

American Academy of Child Adolescent Psychiatry, 39, núm. 2, 2000, pp. 182-193.

[3] American Psychiatric Association, *Diagnostic and Statistical Manual of Mental Disorders*, 4a. ed., Washington, D. C.; American Psychiatric Association, 1994.

[4] P. N. Pastor y C. A. Reuben, "Attention Deficit Disorder and Learning Disability: United States, 1997-1998", National Center for Health Statistics, *Vital Health Stat*, 10, núm. 206, 2002.

[5] Bjørn Grinde, *Darwinian Happiness: Evolution as a Guide for Living and Understanding Human Behavior*, Darwin Press, Princeton, NJ, 2002, pp. 40-41, 118.

[6] Bjørn Grinde, 2002.

[7] R. D. Ladnier y A. E. Massanari, "Treating ADHD as Attachment Deficit Disorder", en *Handbook of Attachment Interventions*, ed. T. M. Levy, Academic Press, San Diego, 2000.

[8] G. Halasz y A. Vance, "Attention Deficit and Hyperactivity Disorder in Children: Moving Forward with Divergent Perspectives", *Medical Journal of Australia*, 177, núm. 10, 2002, pp. 554-557.

[9] F. F. Ng. *et al.*, "Children's Achievement Moderates the Effects of Mothers' Use of Control and Autonomy Support", *Child Development*, 75, núm. 3, 2004, pp. 764-780.

[10] I. Perner, *et al.*, "Executive Control and Higher-Order Theory of Mind in Children at Risk of ADHD," *Infant and Child Development*, 11, núm. 2, 2002, pp. 141-158.

[11] D. Christakis, *et al.*, "Early Television Exposure and Subsequent Attentional Problems in Children", *Pediatrics*, 13, núm. 4, 2004, pp. 708-713.

[12] L. Beseler, "Effects on Behavior and Cognition: Diet and Artificial Colors, Flavors, and Preservatives", *International Pediatrics*, 14, núm. 1, 1999, pp. 41-43.

[13] S. Kranz, *et al.*, "Changes in Diet Quality of American Pres-

choolers Between 1977 and 1988", *American Journal of Public Health*, 94, núm. 9, 2004, pp. 1525-1530.

[14] C. Hannaford, *Smart Moves: Why Learning Is Not All in Your Head*, Great Ocean Pub., Arlington, VA, 1995.

[15] B. R. H. Van den Bergh y A. Marcoen, "High Antenatal Maternal Anxiety Is Related to ADHD Symptoms, Externalizing Problems, and Anxiety in 8- and 9-Year-Olds", *Child Development*, 75, núm. 4, 2004, pp. 1085-1097.

[16] A. Pellegrini y P. Batchford, "The Developmental and Educational Significance of Recess in Schools", *Early Report*, 29, núm. 1, 2002, pp. 1-7.

[17] F. Kuo y A. Taylor, "A Potential Natural Treatment for Attention-Deficit/Hyperactivity Disorder: Evidence from a National Study", *American Journal of Public Health*, 94, núm. 9, 2004, pp. 1580-1586.

[18] Sandra B. Barker, "Therapeutic Aspects of the Human-Companion Animal Interaction", *Psychiatric Times*, 16, núm. 2, 1999, pp. 45-46; K. Allen, "Cardiovascular Reactivity and the Presence of Pets, Friends, and Spouses: The Truth About Cats and Dogs", *Psychosomatic Medicine*, 64, 2002, pp. 727-739.

14

PONGA EL CUERPO A PRUEBA DE DEPRESIÓN

*

La depresión es una enfermedad no sólo de la mente, sino también del cuerpo. En realidad, la separación de estos dos aspectos de nuestra experiencia, de nuestra conciencia, es una de las causas primarias de muchos de los problemas de hoy.

La depresión afecta el sistema inmunológico y puede manifestarse como enfermedad física incluso en niños pequeños. Se relaciona con una mala imagen del cuerpo y con desórdenes alimentarios que van desde la anorexia hasta la obesidad, el primer peligro para la salud de los niños y la forma más común de conducta infantil autodestructiva. Una de las maneras en que el trauma infantil refuerza la depresión es alojándose en el cuerpo, restringiendo las posturas, el movimiento y la respiración, y enviando continuos mensajes de peligro al cerebro.

Como muestra de lo muy vinculados que están la mente y el cuerpo, considérese que los científicos han descubierto cierto número de cerebros ("sistemas nerviosos periféricos"), uno de ellos incluso en el estómago. Este cerebro estomacal consiste en cien mil millones de células y puede almacenar información sobre reacciones físicas a procesos mentales y emitir señales que influyen sobre nuestras decisiones ulteriores. Quizá también sea responsable de las "reacciones viscerales", como la alegría, el temor o la tristeza, o de "sentimientos viscerales" intuitivos. Es posible alternar entre la depresión emocional (triste, sin esperanzas) y la visceral (intestino irritable, dolor de estómago crónico).

Promover las conexiones positivas del niño con su cuerpo es una de las maneras más importantes en que puede protegerlo contra una depresión futura. Dependerá no sólo de las interacciones de usted con él, sino de sus sentimientos acerca de su propio cuerpo y las actitudes positivas —o negativas— que manifieste.

LA IMAGEN NEGATIVA DEL CUERPO

La imagen negativa del propio cuerpo y los trastornos alimentarios como la anorexia y la obesidad —incluso los que pueden manifestarse muchos años después—, tienen sus orígenes en los estilos de crianza, y pueden comenzar desde la infancia. Investigaciones de Alfonso Troisi y sus colegas en el Departamento de Neurociencias de la Universidad de Roma corroboran que los niños que no se han formado un vínculo seguro con su principal cuidador (habitualmente, sus madres) son quienes más probablemente desarrollarán una imagen corporal negativa, así como trastornos alimentarios.[1] (Un nexo íntimo madre/hijo también retrasará el comienzo de la experimentación sexual de los adolescentes.)[2]

Si un niño siente que ha sido abandonado —por haber sido enviado demasiado temprano a la guardería, por ejemplo, o por no haber recibido suficiente tiempo de sus padres—, desarrollará una necesidad obsesiva de controlar su propio cuerpo como manera de superar el dolor de la separación.[3] Es posible además que considere el alimento como única fuente de amor. Si no se siente físicamente seguro por causa de castigos físicos, violencia en la casa, intimidación por parte de compañeros de escuela o trasgresión a los límites sexuales, ayunará como manera de negar su sexualidad, o comerá en exceso para crear una barrera protectora de grasa.

Una investigación reciente efectuada por Hayley Dohnt, de la Universidad Flinders, en el sur de Australia, descubrió que las niñas, desde los seis años, pueden mostrar trastornos alimentarios, creyendo que necesitan ser esbeltas para ser aceptadas.[4] Este tipo de creencia comienza con las actitudes de los padres, y luego es reforzada por los compañeros de escuela y los medios informativos.

En realidad, su niño es susceptible de contagiarse de una imagen corporal negativa de usted. Si su hijo de cinco años lo ve pellizcándose la cintura frente a un espejo y murmurando sobre lo feo que se ve, quizá esté usted preparándole un desorden alimentario, incluso haciendo cundir la depresión, ya que los trastornos del carácter y los alimentarios están vinculados causalmente.[5]

Lo que diga es tan importante como lo que haga. Por ejemplo, si le dice a su hijo que "debiera ser más grande" (o permite que sus hermanos se burlen de su estatura) estará preparándolo para lo que se ha llamado "vigorexia": una preocupación por la masa muscular. Y, como han descubierto la profesora de psicología Linda Smolak, de Kenyon College, y su equipo, cualquier observación crítica que haga (u otros, al alcance de su oído) sobre el peso o el cuerpo en general de su hija puede tener profundas consecuencias negativas sobre su imagen corporal, su identidad y futuros trastornos alimentarios.[6] Por ejemplo, si la hace sentir gorda, es posible que se lance a toda una vida de dietas y excesos que inexorablemente se intensificarán.

Durante la adolescencia, los factores principales que predisponen a la obesidad son la depresión, las conductas obsesivas para el control del peso y tener padres obesos, según lo han confirmado investigadores de la Universidad de Texas y del Instituto de Investigaciones de Oregon. Estos factores predisponen más a la obesidad que el ejercicio o el consumo de grasas.[7]

> *Consejo: Su hijo es hermoso, cualquiera que sea su talla. Usted puede sugerir que coma menos, que coma mejor o prohibirle ciertos alimentos... mientras le explique usted por qué. Pero las críticas nunca ayudan.*

PROGRAMADOS POR LA TELEVISIÓN

Los profesionales de la medicina han relacionado, desde hace largo tiempo, la televisión con los trastornos alimentarios y la imagen corporal negativa, y sin embargo, los niños ven la televisión hoy más que nunca. "Mantengan alejado de la televisión al niño que empieza a andar", suplicó el doctor Michael McDowell, del Real Colegio de Médicos de Australia, en una declaración de 2004. Añade: "La cantidad de dinero gastado por las grandes organizaciones comerciales que tratan de comprender el desarrollo de los niños con el propósito de explotarlos supera hoy lo invertido por las universidades en investigaciones sobre estudios del desarrollo infantil".[8]

Los anunciantes se dirigen a los niños, alentándolos a comprar alimentos que engordan —refrescos, helados, dulces, hamburguesas— mientras los mismos anuncios y los programas presentan a mujeres increíblemente delgadas y hombres imposiblemente musculosos. En un artículo publicado en la revista médica *The Lancet*, el doctor David Ludwig, del Hospital Infantil de Boston, declara: "Es imprescindible que se impongan medidas para limitar la televisión en los niños y prohibir los anuncios de alimentos dirigidos a ellos, antes de que otra generación quede condenada a la obesidad."[9]

Los niños de menos de seis años no son capaces de diferenciar la ficción en la TV, ni pueden distinguir los anuncios de los programas. Los atraen las imágenes de los anuncios en rápido cambio y aceptan como verdad lo que se les dice. Le corresponde a usted ayudarlos a establecer esta distinción y, al mismo tiempo, reforzar sus propios valores positivos.

Los padres de Molly, de cuatro años, pidieron ayuda a Alicia, por causa de la conducta violenta de la niña y su tendencia a la obesidad. Sus padres tenían empleos que les exigían trabajar horarios intensivos e irregulares. Los cuidadores de Molly le permitían comer "comida chatarra" porque les resultaba más fácil que fijar límites. Cuando los padres llegaban a casa, su sensación de culpa les hacía dar a Molly verdaderos banquetes de comidas grasosas. Sin embargo, el mayor de los problemas era la televisión. Aun cuando estaban en casa, desde la primera infancia, sus padres permitieron que el televisor fuese su principal distracción, durante horas interminables. Molly podía citar de memoria los anuncios y se enfurecía si sus padres no compraban los refrescos y golosinas de marca que ella "programaba" para que se le antojaran.

También va en aumento la preocupación de que la sexualidad de niños muy pequeños esté siendo programada de manera inadecuada. Videoclips musicales que muestran a cantantes adolescentes exageradamente maquilladas y con muy poca ropa aparecen en los programas para niños, y ya se comercializa vestimenta provocativa para niños en edad preescolar.

Consejo: Cuando reduzca el tiempo de televisión de su hijo, prepárese para un berrinche y para un duelo de voluntades. Es importante no ceder. Esconda el control remoto. No tenga un televisor en la habitación del niño, y limite su propia programación hasta que el niño se haya ido a la cama.

LA DEPRESIÓN PROPIA Y LA OBESIDAD DEL NIÑO

Una de las razones de que los niños deprimidos vean más televisión que otros es que probablemente tengan padres deprimidos que así lo hacen, en especial la madre. Varios estudios recientes han mostrado un vínculo directo entre la depresión de los padres, sobre todo la materna, y la obesidad de los niños (así como su depresión).[10] En nuestra práctica también hemos logrado establecer una fuerte conexión causal entre la depresión de los padres y ciertos trastornos alimentarios en los niños. Las conductas y actitudes hacia el cuerpo concomitantes con la depresión —falta de ejercicio físico, excesiva televisión, exceso de alimentos, baja autoestima, odio al cuerpo, violencia y un comportamiento amenazador— engendran depresión.

Por ejemplo, los hijos de madres deprimidas observan, en promedio, una hora más de televisión diaria que los demás, según un estudio presentado en la conferencia del año 2001 de la Asociación Norteamericana para el Estudio de la Obesidad, por la doctora Hillary Burdette, del Centro Médico del Hospital Infantil de Cincinnati. La doctora Burdette y otros creen que, para hacer frente con eficacia al problema del peso de un niño, los médicos y demás especialistas deben enfocarse con el bienestar de la madre. Dice la doctora Burdette: "Como profesionales de la salud, cuando decimos a las madres que apaguen la televisión y ellas no siguen nuestro consejo, tenemos que descubrir que está ocurriendo allí".[11]

 Consejo: Si su niño esta dando señales de obesidad, tal vez lo primero que deba usted hacer sea buscar ayuda para sí mismo.

ENSEÑANZA DE BUENA IMAGEN Y CONCIENCIA DEL CUERPO

Según el profesor asociado Stacey Tantleff-Dunn, "la clave consiste en ayudar a las personas a desarrollar expectativas realistas acerca de su propia apariencia así como de la apariencia de los demás, y evitar caer en ideales imposibles o malsanos".[12]

Un contacto físico suave y cariñoso es un fundamento vital para una buena conexión con el cuerpo, y sin embargo, nuestro moderno estilo de vida limita todas las oportunidades de contacto. Permitir a su infante dormir o descansar con usted y llevarlo en un cabestrillo o un portabebés especial son algunas maneras en que se puede aumentar esta intimidad tan benéfica. Cerca de los cinco meses, su bebé se percata de que está separado de su madre, de que sus brazos, piernas, dedos de las manos y de los pies son sólo suyos. Queda fascinado y juega interminablemente con ellos. Usted podrá fomentar esta nueva conciencia y autonomía del cuerpo colocando frente a él un espejo irrompible. Pronto se sentirá encantado de su apariencia y llegará a reconocer su rostro.

Extrema importancia tiene el modo en que toque usted a su bebé. Si a menudo está preocupado y va de prisa, descubrirá que lo está manipulando con impaciencia o hasta con rudeza. En cambio, si se toma usted el tiempo de tocar y apreciar su cuerpo, también, más adelante, lo hará él. Darle masaje en los pies y las manos y darle palmaditas en la espalda y la barriga no sólo lo confortará y echarán los fundamentos de su autoestima sino que también ofrecerá una estimulación benéfica para su sistema nervioso. Dígale cosas como "qué bonito estas" o "qué lindas manitas". Desde luego, el niño no comprenderá las palabras, pero sí notará el tono de aprobación en la voz.

De los cinco meses al año, podrá colocarse frente a un espejo, con el bebé y decir cosas como: "¿Dónde está mamá?", "¿Dónde está el bebé?" "¿Dónde esta la barriguita de mamá?", "¿Dónde esta la barriguita del bebé?", señalándole mientras lo dice.

Observe (y no se alarme) los tempranos signos de sexualidad de su bebé. Los varones frecuentemente tienen erecciones, y hasta parecerá que se masturban. Las áreas sexuales de las niñas se humedecen, como las de una mujer adulta, y hasta podrán mostrar una fascinación por esta parte de sus cuerpos. Deje así las cosas, pues se trata de un desarrollo normal. Si muestra desaprobación con la voz o con acción, podrá engendrar vergüenza y causar un gran daño a su hijo.

A los 18 meses, el niño comprende que es una persona aparte. Elogie sus habilidades motoras y la forma en que se vale de su cuerpo. De los dos a los seis años querrá mostrar lo muy rápidamente que puede correr y lo alto que sabe saltar. Experimenta y no parece tener ningún sentido del peligro. A veces, sus travesuras pueden causar temor. Trate de no mostrar un miedo constante, con advertencias y consejos. La persistente repetición de frases como "¡Cálmate!", o "¡Vas a caerte!" puede ser interpretada como "mis piernas van demasiado rápido" o "soy torpe". Éstas pueden ser las primeras semillas de una imagen negativa del cuerpo. La clave consiste en hacerle comprender que el problema son sus acciones, no su cuerpo. Explíquele que "si corres tan rápido alrededor de tus juguetes, puedes tropezarte".

Junto con el orgullo de sus recién descubiertas capacidades físicas va aparejada una intensa curiosidad acerca de su propio cuerpo y del de los demás; por ejemplo, ¿por qué los niños orinan de pie, mientras las niñas se sientan? Sentirá curiosidad por las partes de su cuerpo que normalmente no puede ver y se dará vuelta para examinar su trasero en el espejo. Asimismo, como la temprana sexualidad de su bebé, esta conducta es normal, y si usted reacciona de manera negativa causará un daño a su hijo.

Al crecer la niña, el aspecto de su mamá le llamará la atención y tratará de vestirse de tal modo que se parezca a ella, así como su hermano desea ponerse las ropas de papá o intenta afeitarse. A los cuatro o cinco años, la niña querrá asemejarse a sus amigas y llevar los mismos vestidos y hasta las mismas mochilas. Las niñas están cobrando conciencia de las diferencias de género. Son sumamente sensibles a las críticas de sus compañeras o de usted. Frases como: "Nada de comer más, ¡ya tienes bastante grande la barriga!" O "Si sigues creciendo así, me vas a arruinar comprándote ropa", pueden hacer que su hija se avergüence de su cuerpo.

Tampoco deben dárseles a esa edad, instrucciones como "párate derecho," "cuida tu postura," o "echa hacia atrás los hombros". Los niños necesitan descubrir sus propias maneras de estar de pie, sentarse y moverse. En realidad, no hay un modo correcto de estar de pie o mantenerse erguido. En general, tomarán sus claves del modo en que se mueve usted y, en menor grado, también de sus amigos. Asimismo, sus cuerpos adoptarán una actitud defensiva ante posibles peligros o críticas... y nuevas críticas a su postura sólo reforzarán el problema.

> *Consejo: Nunca critique su propio cuerpo ni el de su pareja. Después de todo, su hijo desea parecerse a usted, y enviarle el mensaje de que usted está inconforme con su propio cuerpo le hará avergonzarse del suyo.*

EJERCICIO SALUDABLE EN LA NATURALEZA

Ciertos estudios han mostrado que aumentar el "verdor" en las vidas y actividades de los niños es un poderoso antidepresivo, además de una cura a los problemas de déficit de atención y una ayuda para las habilidades del aprendizaje y el pensamiento.[13]

Para los niños pequeños, el ejercicio y las actividades físicas en que participa la familia tienen el mayor efecto y pueden conducir a una actitud saludable. Su niño no pensará mucho en mantener en buena condición su cuerpo si usted no lo hace; e ir al gimnasio o a clases de yoga y excluir al niño es un mensaje que no debe usted enviar.

Para su niño, el ejercicio no tiene la finalidad de mantenerse en buena condición ni de ponerse esbelto o musculoso: su motivo es la diversión, la experimentación y la curiosidad. En el ejercicio trata de explorar sus habilidades físicas, así como su mundo, la naturaleza y las relaciones.

La naturaleza da al niño una oportunidad de ejercitar su curiosidad y su cuerpo, de explorar diferentes superficies para correr y caminar sobre ellas, trepar o colgarse de algo, y así dominar nuevas habilidades motoras y cobrar confianza. Conforme vaya creciendo, se centrará en su cuerpo, se fijará más en cada momento y se conectará con su auténtico ego.

Un paseo diario de 20 minutos o más en un ambiente natural puede ser un ejercicio de conciencia para toda la familia. ¿Cuántos cambios puede usted notar? ¿Qué es diferente? ¿Cómo se siente caminar, deslizarse y correr? Esta conciencia puede sacarle a usted o a su niño de una depresión, y facilitar una conexión no sólo con la naturaleza sino con su espiritualidad innata, casi como la meditación.

Inculcar amor al movimiento y a la naturaleza es darle a su niño un poderoso y duradero antídoto contra la depresión.

NOTAS

[1] A. Troisi, *et al.*, "Early Separation Anxiety and Adult Attachment Style in Women with Eating Disorders", *British Journal of Clinical Psychology*, 44, núm. 1, 2005, pp. 89-97.

[2] C. McNeely, *et al.*, "'Mothers' Influence on the Timing of First Sex Among 14- and 15-Year-Olds", *Journal of Adolescent Health*, 31, núm. 3, 2002, pp. 256-265.

[3] A. Troisi, *et al.*, 2005.

[4] H. K- Dohnt y M. Tiggemann, "Peer Influences on Body Dissatisfaction and Dieting Awareness in Young Girls", *British Journal of Developmental Psychology*, 23, 2005, pp. 103-116.

[5] D. L. Braun, *et al.*, "Psychiatric Comorbidity in Patients with Eating Disorders", *Psychological Medicine*, 24, núm. 4, 1994, pp. 859-867.

[6] L. Smolak, *et al.*, "Parental Input and Weight Concerns Among Elementary School Children", *International Journal of Eating Disorders*, 25, núm. 3, 1999, pp. 263-271.

[7] Eric Stice, *et al.*, "Psychological and Behavioral Risk Factors for Obesity Onset in Adolescent Girls: A Prospective Study", *Journal of Consulting and Clinical Psychology*, 73, núm. 2, 2005, pp. 195-202.

[8] Michael McDowell, citado por Julie Robotham en "Telly's Done A Bad Bad Thing", *Sydney Morning Herald*, 19 de mayo de 2004.

[9] David Ludwig, *et al.*, "Relation Between Consumption of Sugar Sweetened Drinks and Childhood Obesity: A Prospective, Observational Analysis", *The Lancet*, núm. 9255, 2001, pp. 505-508.

[10] M. J. Essex, *et al.*, "Maternal Stress Beginning in Infancy May Sensitize Children to Later Stress Exposure: Effects on Cortisol and Behavior", *Biological Psychiatry*, 52, núm. 8, 2002, pp. 774-784.

[11] Hillary Burdette, citada en "In TV Habits, Like Mother, Like Child", Eric Nagourney, *New York Times*, 16 de octubre 2001.

[12] Stacey Tantleff-Dunn, citado en un comunicado de prensa "Ads with 'Supersized' Actors Leave Men Depressed, Unhappy with Their Muscles, UCF Study Shows", University of Central Florida, 5 de mayo de 2004.

[13] Nancy M. Wells, "At Home with Nature: Effects of 'Greenness' on Children's Cognitive Functioning", *Environment and Behavior*, 32, núm. 6, 2000, pp. 775-795; Rebecca A. Clay, "Green Is Good for You", *Monitor on Psychology*, 32, núm. 4, 2001, pp. 40-42.

15

CÓMO ABORDAR LAS TRANSICIONES DIFÍCILES

*

Cualquier depresión supone una pérdida: de una persona querida o de algo menos tangible, como una función, el sentido de pertenencia, posición social, seguridad o confianza. Para un niño, todas las transiciones entrañan una pérdida, ya sea de uno de sus padres o hermanos, por muerte o divorcio; la atención exclusiva de los padres a un nuevo hermano; la presencia excesivamente emocional de uno de los padres por depresión o adicción; o hasta la pérdida de una casa, un vecindario y amigos debido a una mudanza. La capacidad del niño para superar estas transiciones sin daño duradero ni depresión depende de la fuerza de las relaciones básicas que le queden. Si sus padres (o sustitutos) muestran con sus acciones que lo quieren y que él puede contar con ellos, tendrá confianza; si muestran que pueden seguir adelante, estará seguro; si muestran con claridad expectativas y valores apropiados, él sentirá que forma parte del grupo; si explican los hechos en términos que pueda comprender, gradualmente llegará a aceptar las cosas.

EL PENSAMIENTO MÁGICO Y LA CULPA MÁGICA

Una de las razones de que las pérdidas y transiciones tengan un efecto tan devastador sobre los niños muy pequeños es que no perciben la realidad como la percibimos nosotros. La primera infancia y la edad preescolar son un tiempo de "pensamiento mágico", en que el niño tiene dificultades para separar la fantasía de la realidad. El pensamiento mágico puede ser delicioso, como la visita de un amigo imaginario. Pero también puede ser peligroso: un niño de dos años querrá bajar las escaleras volando como Superman.

Parte del pensamiento mágico es el egocentrismo: el angelito cree que es el centro del universo y que todas las cosas lo involucran o son causadas por sus acciones o pensamientos. Si alguien muere o enferma, él supondrá que sus malos pensamientos fueron los culpables. Si enferma, creerá que su maldad le ha causado la enfermedad como castigo.

Así, cuando algo sale mal, ya sea un divorcio o la pérdida de un empleo, el niño experimenta un abrumador sentimiento de culpa y de vergüenza, conducente a una conducta regresiva como volver a "mojar la cama", poca capacidad de aprendizaje, dificultad para hacer amigos y jugar con otros niños, y baja autoestima. Su profundo sentimiento de un castigo merecido podrá, incluso, crearle una enfermedad por baja del sistema inmunológico. Según June Price Tangney, profesora de psicología en la Universidad George Mason, las consecuencias de por vida de la vergüenza pueden incluir "toda una gama de motivaciones, defensas, conductas interpersonales y síntomas psicológicos potencialmente destructivos", incluso, desde luego, la depresión.[1]

La depresión en los padres es un factor importante en el desarrollo y la manifestación de la culpa en el niño. Si sus padres no están deprimidos, su culpa se volverá hacia la responsabilidad y la reparación (tratar de hacer mejor las cosas), lo que podrá ayudarle más adelante a establecer conexiones sociales y a paliar los sentimientos de culpa. En cambio, si los padres, en particular la madre, sufren de depresión, la culpa del niño podrá ser autodestructiva, deformada y no resuelta.[2]

Obviamente, dos de las principales maneras de ayudar al niño a enfrentarse a una pérdida consisten en explicársela en términos que pueda comprender y en tranquilizarlo constantemente, diciéndole que no ha hecho nada malo. Asimismo, si la pérdida está afectándole también a usted, busque ayuda contra su depresión. En este capítulo esbozamos algunos modos específicos de ayudar a su hijo a enfrentarse a los tres tipos más comunes de pérdida: el divorcio, la llegada de un hermanito y la muerte.

DIVORCIO Y SEPARACIÓN

Cada año en Estados Unidos, más de un millón de niños pequeños experimentan el divorcio de sus padres.[3] Como resultado, en cerca de 25 por ciento de ellos se desarrollan graves problemas de salud mental: el doble del porcentaje de los hijos de parejas que continúan casadas. Del restante 75 por ciento, muchos se encuentran en riesgo de tener problemas emocionales crónicos[4] y una más breve esperanza de vida.[5] A lo que más teme el niño es al abandono, y la disgregación de su familia puede crear un sentido de pérdida y abandono tan grande como si uno de sus padres hubiese muerto.

Un grupo de investigadores estadounidenses e ingleses encabezado por Thomas O'Connor, del Instituto Psiquiátrico de Londres, descubrió hace poco que el divorcio enciende un interruptor genético que causa problemas en el desempeño académico de los niños de padres divorciados.[6]

En el divorcio no hay nada nuevo ni vergonzoso. Durante la Edad de piedra los matrimonios duraban, en promedio, unos siete años (casi como los actuales en los Estados Unidos), y una mujer podía tener unos cuatro maridos durante su vida. La gran diferencia entre entonces y ahora es que en los tiempos de los cazadores-recolectores la gente vivía en comunidades pequeñas y fuertemente unidas y la pareja se mantenía dentro del grupo aun cuando los matrimonios se desintegraran. Más aún: todo el grupo, y no sólo los padres biológicos de los niños, desempeñaban un papel activo en alimentar a su progenie. En ese marco, había poco o ningún daño para los niños.[7]

En las sociedades desarrolladas ya no se cuenta con el apoyo de la tribu para aminorar el golpe. El divorcio a menudo es dañino para los padres, y esto a su vez afecta a los hijos. En un estudio efectuado en Finlandia en 2002, sorprendente para muchos investigadores, se descubrió que los varones divorciados eran quienes más sufrían angustia y depresión y un aumento de problemas relacionados con la salud, como el fumar y el alcoholismo, mientras que las mujeres se defendían mejor.[8] En cambio, las divorciadas, sobre todo las que cuidan de niños pequeños, dieron cuenta de dificultades económicas recurrentes.

Los más afectados son los niños pequeños de padres divorciados. O'Connor y su equipo constataron que los hijos de parejas divorciadas tienen más problemas emocionales y de conducta (comportamiento agresivo, delincuencia, depresión, angustia, distanciamiento) y menor adaptación social que los niños cuyos padres seguían juntos. Al llegar a la adolescencia, también se dijo que consumían drogas antes que los hijos de padres no divorciados.[9]

Con frecuencia, el divorcio crea una sensación de culpa en los niños pequeños, quienes creen inconscientemente que ellos causaron las dificultades, impulsaron a los padres a separarse y son tan malos que merecen el abandono y el castigo de la separación. Esta culpabilidad puede afectar su comportamiento y su autoestima. Más avanzada su vida, tal vez busquen a personas solitarias como parejas románticas, o rechazarán a quienes traten de acercarse.

Lo mejor que puede hacer para proteger a su niño de los dolorosos efectos del divorcio es establecer una relación cálida y empática con él, mantener una disciplina y unos límites constantes y evitar exponerlo a interacciones negativas con su ex cónyuge.[10] También las estrategias siguientes pueden aminorar los daños del divorcio:

- Opte por la custodia en conjunto. Los niños que pasan igual tiempo con sus dos padres suelen estar mejor que aquellos cuya madre (o cuyo padre) tiene la custodia única. Si los padres no son hostiles entre sí, el acuerdo puede funcionar bien para todos: los padres conservan su libertad y los niños tienen proximidad con ambos.[11]

- Viva a no más de una hora de camino de su hijo. Ciertos estudios han mostrado que cuanto más cerca vive usted, mejor le va al niño.[12]

- No entre en competencia con su ex cónyuge por el cariño del niño.

- Nunca hable mal de su ex en presencia del niño. Al contrario, elógielo.

- Nunca ponga a su niño de intermediario con su ex cónyuge. Los límites claros y el diálogo basado en las necesidades ayudarán a mantener una relación correcta.

- Llegue a un acuerdo con su ex acerca de las reglas de ambas casas: los niños necesitan consistencia, no un conjunto de reglas en un lugar y uno diferente en el otro.

- Sea muy claro acerca de lo que necesita usted de su ex cónyuge, logística, financiera y emocionalmente, para hacer una buena contribución al bienestar de los hijos. Asegúrese de conocer exactamente lo que su ex necesita de usted.

- Cumpla siempre lo que dice a su hijo que va a hacer.

- Trate de mantener a su hijo bien informado de lo que le está ocurriendo a usted desde que decidió divorciarse... menos de las cosas desagradables.

- Continúe celebrando los cónclaves familiares con su ex y su hijo para resolver los problemas.

En otras palabras, pórtese lo más cercanamente posible a la manera en que vivieron nuestros antepasados de la Edad de Piedra, hace milenios, cuando el divorcio y la separación no tenían los efectos destructivos de hoy.

PRESENTACIÓN DE UN SEGUNDO HIJO

Todos hemos oído hablar de la rivalidad entre hermanos, pero pocos se dan cuenta de que una de las razones de que la llegada de otro hijo sea tan difícil para el primero es que toda la familia tiende a alborotarse. Los padres no suelen pensar tanto en la repercusión que sobre sus vidas causa un segundo hijo como la que causó el primero, aunque el efecto habitualmente es tan grande como el anterior, si no mayor. Dos niños no son tan fáciles como uno, y una falta de planificación y de previsión puede elevar un nivel de por sí elevado de estrés, incluso contribuir a la depresión y discordia conyugal.

La falta de sueño es un gran problema para los padres de dos niños pequeños. Como dice la psicóloga y escritora doctora Susan Bartell: "Una considerable y constante privación de sueño dificulta la labor de los padres y afecta la memoria, y está marcadamente relacionada con la depresión."[13] Para la mamá, la llegada de un nuevo hijo significa aún menos tiempo disponible, ratos para descansar o ver a sus amigas. Puede sentirse atrapada y hasta resentida por las exigencias que le haga su hijo mayor, sin comprender que su necesidad de atención es tan grande como antes.

Sin embargo, el efecto puede ser más grave para el padre. Dice la doctora Bartell: "Es raro que los sentimientos de un padre acerca de su papel como tal sean tomados en cuenta como uno de los factores decisivos [al tener un segundo hijo]... después de todo, él no se embaraza ni lo da a luz y, pese a los cambios sociales, la madre sigue siendo vista como la primera cuidadora principal. Sin embargo, por lo común es el padre y no la madre, quien más drásticamente se ve afectado por el segundo hijo. Al nacer éste, a menudo se espera que papá se convierta en el principal cuidador del otro niño".[14] Podrá encantarle esta función o podrá resentirla e inconscientemente reflejar ese sentimiento en el niño.

Mientras tanto, el mayor no ha dejado de necesitar el cuidado de mamá, y por muy hábil y dispuesto que esté papá, el niño experimentará una aguda sensación de pérdida. Aun si parece muy independiente, percibirá que el nuevo bebé es una amenaza a su relación especial con mamá. No siendo ya el centro de la atención de su madre, ha sido, como dicen los psicólogos, "destronado", echado de su posición antes suprema.

Obviamente, es vital que se prepare usted tan cuidadosamente para el nacimiento de su segundo hijo como lo hizo para el primero, revisando su plan de prioridades para padres a la luz de las nuevas circunstancias y asegurando un mínimo de desazón para ustedes y para el hijo mayor. Además, existen algunas cosas que puede hacer para mitigar la sensación de pérdida en su primer hijo.

Libby y Sean fueron a buscar el consejo de Alicia respecto de su hijo de cuatro años, Patrick, pocos meses después de llegar una nueva niña. Antes de su llegada, Patrick parecía entusiasmado por la idea de tener una hermanita. Tomó un gran interés en la hinchazón del estómago de Libby, fue muy contento a comprar cosas para el cuarto de la hermanita y constantemente hacia preguntas.

"Pero en cuanto llegó Kimberly, él cambió", dijo Libby a Alicia. "Todavía parece interesado en la bebita, pero ocasionalmente moja su cama", lo que no había hecho desde hacía tiempo, llora mucho, y más parece tener dos años que cuatro. Tampoco duerme mucho y entra en nuestro dormitorio y me despierta."

"¡Y qué berrinches!", exclamó Sean. "Berrinches constantes, por cualquier cosa. No tanto conmigo, sino con Libby. Desde luego, me enojo con él, ¿y quién no? Necesito que pare."

Alicia explicó que el enojo de Sean contra Patrick sólo reforzaba la sensación del niño de que Kimberly se había vuelto la consentida, y empeoraba su conducta regresiva. "No pueden esperar ustedes que a él le guste la situación", les dijo Alicia. "Antes del parto, veía a Kimberly casi como un nuevo juguete para jugar. No comprendía que era una persona real con quien tendría que compartir a su madre. La realidad fue como un golpe para él. La conducta que está mostrando ahora es perfectamente normal y en nada indica que no llegue a querer a Kimberly."

Las sugerencias de Alicia a Libby y Sean fueron:

- Permitan a Patrick expresar debidamente sus sentimientos. Anímenlo a hablar de ellos: tiene derecho de sentirse alterado. Si tiene que reprimir su ira, ésta se interiorizará y, quizá, se convertirá en una depresión.
- Al mismo tiempo, mantengan sus límites. Háganle saber cuáles acciones son aceptables y cuáles no (quejarse de Kimberly está bien, ya que necesita descargar su enojo, pero en cambio no está bien jugar rudamente o dañar a la bebé).
- Muéstrenle que lo quieren. Dedíquenle tiempo, aun si eso significa apartarse un poco de la bebé.
- Denle un papel en la crianza de la bebita. Ser "ayudante de mamá" y "el hermano mayor" puede incluir ayudar a la hora del baño y mostrar a la bebé cómo sostener una sonaja. Elógienlo mucho por hacer eso.
- Explíquenle lo que está ocurriendo y en lo posible háganle formar parte del proceso. Mientras ustedes alimentan, bañan y cuidan a la bebita, detallen cómo lo cuidaron a él cuando era pequeño. Al mismo tiempo, háganle saber que, aunque los bebés son bonitos, no pueden hacer todas las cosas que sí puede hacer un niño de cuatro años. No le digan al mayor que ahora es un niño grande y debe "madurar".
- Traten de hacer cosas con la bebita y con el mayor al mismo tiempo, como sentarse en el suelo y amamantar a la bebé

en un cabestrillo mientras le leen un cuento o juegan con el mayor.

- Tengan paciencia. Antes de reaccionar, respiren profundamente y cuenten hasta diez.
- Expresen sus frustraciones uno al otro... no a los niños.

Armados con estos consejos, Libby y Sean comprendieron la reacción natural de Patrick a la llegada de Kimberly, y pudieron hacerle frente. Patrick llegó a ver a la nueva bebita como un proyecto familiar en que él participaba íntimamente, y no como una rival que competía con él por el amor de sus papás. Al cabo de un tiempo, cesó su conducta regresiva.

UNA MUERTE EN LA FAMILIA

Cada año, en los Estados Unidos casi cuatro por ciento de los niños pequeños sufren la muerte de uno de sus padres.[15] Los niños en realidad no comprenden el concepto de muerte y así, cuando alguien fallece, es probable que consideren la pérdida como un abandono, y reaccionen en consecuencia, a menudo con efectos profundos y duraderos sobre su estado de ánimo y sus relaciones. Los niños se enfrentan a la muerte de alguien cercano a ellos de distintas maneras, que en gran parte dependen de su etapa de desarrollo (en los primeros años, un niño reaccionará mucho más violentamente a la pérdida de su madre que a la de su padre o de cualquier otra persona), de si otro adulto interviene para ocupar el puesto, y de si se les ayuda a comprender lo ocurrido.

Los infantes expresan su pesar, predominantemente, con llanto e irritabilidad, poco sueño, apetito variable, hiperactividad, distanciamiento y una mayor vigilancia. En la primera infancia el niño necesitará una atención consistente. Si quien falleció fue su madre (o su padre, si cuidaba de él), de inmediato deberá asignarse otro cuidador permanente. El niño no debe pasar de un cuidador a otro. Hablar de muerte a un niño de dos años es pura pérdida de tiempo. Una persona está allí, o no está. Un niño que sufre la pérdida de uno de sus padres requerirá mucho tacto suave, en lugar de palabras. Necesitará que lo abracen, lo mimen y lo acaricien.

Los niños de tres y cuatro años tienen la capacidad de recordar al difunto. En cambio, no entienden el proceso de morir ni reconocen que la muerte es permanente. Antes bien, la ven como un abandono. Los niños pueden creer que tienen unas capacidades mágicas que causaron la muerte y que son capaces de hacer retornar a la persona. Pueden experimentar intensa angustia e inseguridad por las separaciones y están agudamente sintonizados con las emociones de quienes los cuidan. Como los infantes pequeños, pueden expresar su pesar en emociones, insomnio y conducta regresiva.

El sentido de culpa y de vergüenza de un niño también será afectado por el modo en que ocurrió la muerte. Si fue causada por una larga enfermedad, el penoso proceso puede empezar desde antes. El niño tendrá una oportunidad, hasta cierto punto, de hacer frente a la pérdida esperada, se recuperará antes y más fácilmente comprenderá que el hecho no fue culpa suya. En cambio, si la pérdida fue súbita, el trauma puede transformar su funcionamiento y dejarlo en un estado de confusión, angustia y depresión.[16] Esto también puede suceder si la muerte no se le explica adecuadamente en términos que pueda comprender o, aún peor, si la familia simula que nada ha ocurrido.

Maya le habló a Bob con gran tristeza acerca de la pérdida de su padre, 30 años antes, cuando ella tenía unos cinco.

Un día, simplemente ya no estuvo allí. Mamá dijo que se había ido, y yo pensé que eso significaba que regresaría, y estuve aguardando y preguntando cuándo volvería. Nadie me dijo lo que en realidad había ocurrido ni me preguntó cómo me sentía: ni mi madre, ni mi tía, ni mi abuelo. Yo quería a papá. No dejaba de preguntarme qué había hecho mal, por qué no volvía a mí. Rogaba a Dios que lo enviara a casa. Y le dejé notas, diciendo que lo echaba de menos.

Fue hasta el final de mi adolescencia cuando me enteré, por puro accidente, de que se había suicidado. Todos me habían mentido. Desde entonces, no le he hablado a mi madre. Pero parece que no puedo seguir adelante con mi vida, encontrar a quien amar, dejar de sentirme triste e inadecuada. Es como si yo siguiera esperando que volviera papá, para decirme que no hice nada malo.

Como en el caso de Maya, los sentimientos de un niño pueden quedar congelados como resultado de una muerte. Podrá no mostrar pena, como si sus sentimientos hubiesen quedado guardados. Cuando son ambiguos los sentimientos hacia la persona o hacia cómo falleció, —por ejemplo, si hay ira—, el resultado es un "pesar complicado", el más difícil de enfrentar y el que más probablemente conducirá a la depresión, la angustia permanente o la tendencia a la ira. El pesar complicado puede ser resultado de la muerte por asesinato, suicidio o accidente; muertes que dejan un estigma social, como muerte por sida o por sobredosis de droga; o la muerte de uno de los padres que era abusivo, desaprensivo o padre único.

Cualquiera que sea la causa de la muerte, usted puede ayudar a los niños en edad preescolar (y hasta a los que están aprendiendo a andar) de las siguientes maneras:

- Indique una y otra vez que el ser querido no eligió irse y abandonar al niño, sino que hubo una causa específica de su muerte.
- Anime al niño de más de dos años a hablar sobre sus sentimientos. Trate de no hacerle preguntas que sólo necesitan "sí" o "no" por respuesta. Empiece con preguntas sobre "quién", "qué", "dónde", "por qué" o "cómo".

- Comprenda que el lapso de atención del niño pequeño es muy breve, y hable con él un tiempo proporcional a las claves que él dé. Puede parecer preocupado por la pérdida y hacer en un momento toda clase de preguntas y luego irse a jugar, al parecer sin preocupaciones. Esto no necesariamente significa que ya se está recuperando.

- Nunca pida al niño que está sufriendo una gran pérdida que "actúe como un hombre" o que "sea una muchacha grande" y no llore. El niño necesita expresar la pérdida para recuperarse. Y si se le obliga o incluso se le pide que entierre o que niegue sus sentimientos, acaso nunca se libere de ellos, y se añadirá otra capa de vergüenza.

A veces, el pesar complicado necesita la intervención de un terapeuta especializado, que trabaje directamente con el niño para descubrir las causas subyacentes. Sin embargo, considere pedir ayuda para usted mismo, ya que su hijo en gran parte seguirá su ejemplo al reaccionar a una situación. Como en el caso de cualquier pérdida, si usted está enfrentándose sinceramente a los sentimientos causados por la situación, él también podrá hacerlo.

NOTAS

[1] June Price Tangney, "Constructive and Destructive Aspects of Shame and Guilt", en *Constructive and Destructive Behavior: Implications for Family, School and Society*, ed., Arthur C. Bohart y Deborah J. Stipek, American Psychological Association, Washington, D. C., 2001.

[2] C. Zahn-Waxler, *et al.*, "Patterns of Guilt in Children of Depressed and Well Mothers", *Developmental Psychology*, 26, núm. 1, 1990, pp. 51-59.

[3] S. C. Clarke, "Advance Report of Final Divorce Statistics, 1989 and 1990", *Monthly Vital Statistics Report*, 43(9S), Na-

tional Center for Health Statistics, Hyattsville, MD, 1995.

[4] E. Winslow, *et al.*, "Preventive Interventions for Children of Divorce", *Psychiatric Times*, 21, núm. 2, 2004.

[5] J. S. Tucker, *et al.*, "Parental Divorce: Effects on Individual Behavior and Longevity", *Journal of Personality and Social Psychology*, 73, núm. 2, 1997, pp. 381-391.

[6] Thomas G. O'Connor, *et al.*, "Are Associations Between Parental Divorce and Children's Adjustment Genetically Mediated? An Adoption Study", *Developmental Psychology*, 36, núm. 4, 2000, pp. 429-437.

[7] Frederick Rose, *The Traditional Mode of Production of the Australian Aborigines*, Angus & Robertson, Sydney: 1987.

[8] Mika Kivimäki, *et al.*, "Death or Illness of a Family Member, Violence, Interpersonal Conflict, and Financial Difficulties as Predictors of Sickness Absence: Longitudinal Cohort Study on Psychological and Behavioral Links", *Psychosomatic Medicine*, 64, núm. 5, 2002, pp. 817-825.

[9] O'Connor, *et al.*, 2000.

[10] I. N. Sandler, *et al.*, "Coping Efficacy and Psychological Problems of Children of Divorce", *Childhood Development*, 71, núm. 4, 2000, pp. 1099-1118; S. A. Wolchik, *et al.*, "Maternal Acceptance and Consistency of Discipline as Buffers of Divorce Stressors on Children's Psychological Adjustment Problems", *Journal of Abnormal Childhood Psychology*, 28, núm. 1, 2000, pp. 87-102.

[11] Robert Bauserman, "Child Adjustment in Joint-Custody Versus Sole-Custody Arrangements: A Meta-Analytic Review", *Journal of Family Psychology*, 16, núm. 1, 2002, pp. 91-102.

[12] Sanford L. Braver, *et al.*, "Relocation of Children After Divorce and Children's Best Interests: New Evidence and Legal Considerations", *Journal of Family Psychology*, 17, núm. 2, 2003, pp. 206-219.

[13] Susan S. Bartell, "Birth of a Second Child: A Unique Impact on the Family System", *International Journal of Childbirth Education*, 19, núm. 3, 2004, pp. 4-8.

[14] *Ibid.*

[15] R. A. Weller, *et al.*, "Depression in Recently Bereaved Pre-pubertal Children", *American Journal Psychiatry*, 148, núm. 11, 1991, pp. 1536-1540.

[16] Cynthia R. Pfeffer, "Helping Children Cope with Death", *Psychiatric Times*, 17, núm. 9, 2000.

16

CONSEJOS PARA FAMILIAS MEZCLADAS Y PADRES ÚNICOS

*

Hasta hace poco tiempo, la mayoría de las parejas que vivían unidas estaban casadas, y casi todos los niños residían con sus padres biológicos. El hecho de que esto ya no sea así ha preocupado a estudiosos como James Q. Wilson, autor de *The Mariage Problem: How Our Culture Has Weakened Families*. Él y otros investigadores creen que la fragmentación de la familia moderna tiene profundas implicaciones sobre el bienestar de los niños.[1] El niño pequeño necesita, más que nada, estabilidad, consistencia y la oportunidad de formar un vínculo sólido con quien cuide de él. La falta de alguno de estos elementos puede causar depresión y toda una gama de problemas relacionados —como adicción a las drogas y continua incapacidad de establecer relaciones— que pueden no manifestarse sino mucho después. Además de la tradicional unidad nuclear, las familias modernas incluyen sólo una madre o un padre, que a veces vive con sus padres (familias multigeneracionales), cohabitando con las familias de los padres, y familias mezcladas por matrimonio.

Sin embargo, para el niño, el factor principal en cualquier arreglo familiar es la calidad y la estabilidad de las relaciones.

LAS FAMILIAS MEZCLADAS

Algunos investigadores consideran la familia mezclada como la próxima "familia americana tradicional", y la mitad de todos los niños estadounidenses vive hoy al menos con uno de sus padrastros.[2] Esta situación plantea enormes desafíos a los padrastros, y ciertos estudios han mostrado que los niños que viven con padrastros tienen mayores dificultades que los que viven con sus dos padres biológicos, en gran parte porque las segundas familias suelen ser menos estables.[3] Según la Oficina del Censo de los Estados Unidos (cifras de 1990, las últimas disponibles), 60 por ciento de todos los segundos matrimonios terminan en divorcio; algunos estudios indican que el índice es mucho mayor. ¿Por qué? Tal vez nuestros antepasados conocieron la "comezón del séptimo año", pero la mayoría de las parejas posteriores a la época de cazadores-recolectores, sin el apoyo tribal, probablemente se proponían mantenerse unidas, y el divorcio les resultaba doloroso. Como recordará, en el capítulo 4 explicamos cómo tendemos a recrear de manera inconsciente las relaciones que nuestros padres tuvieron entre sí hasta que aprendemos cómo hacer elecciones más positivas. Si la relación de los padres fue difícil, el hijo tal vez descubra que todas sus relaciones importantes son problemáticas.[4] Ciertos estudios también muestran que las personas tienden a casarse con quienes tienen historias conyugales similares (y, así, a menudo inestables).[5]

Sin embargo, no se deje usted deprimir por las estadísticas; abundan las familias mezcladas felices, y no hay razón para que la suya no sea una de ellas. Criar niños es todo un desafío, y criar los hijos de otras personas lo es mucho más, pero su amor mutuo es (esperemos) la razón de que ustedes se unieran, para empezar, y seguirá siendo el fundamento de un hogar feliz. El diálogo basado en las necesidades asegurará que su relación no repita viejas pautas y sea una base sólida para todos los hijos.

Cuando Susan e Ian se casaron, poco después de sus respectivos divorcios, cada cual llevó dos hijos consigo, incluyendo un niño de cuatro años y uno de seis. La pareja se sentía culpable por el fracaso de sus primeros matrimonios, y estaba ansiosa por hacer que la situación fuese buena para todos los niños. Dice Susan: "Estábamos intentando tan arduamente impedir que los niños se lanzaran unos contra otros y hacerlos felices, que pasamos por alto nuestros propios límites y necesidades, en particular, como pareja. Si uno de nosotros decía no, empezaban a presionar al otro... o a nuestros ex. Los niños podían irrumpir en cualquier momento en nuestro dormitorio e interrumpir toda discusión... y, créame, lo hacían."

La tensión se manifestó no sólo en la relación de pareja, que iba deteriorándose, sino en el carácter de Ian, quien comenzó a recaer en una depresión que no había experimentado durante años. Ian se inscribió en el programa Uplift (como también después Susan) y empezó a aplicar los principios aprendidos tanto con su pareja como con los cuatro niños. Escribieron unas reglas y consecuencias apropiadas a toda las edades y las pegaron en el refrigerador. Susan e Ian empezaron a presentar un frente unido y a intercambiar regularmente sus necesidades. Declararon que su dormitorio era zona prohibida, y reservaron una noche por semana para su "velada romántica", que no podía se interrumpida por nada, salvo por una urgencia médica. Esa estructura pareció tranquilizar a los niños, que empezaron a aceptar la situación nueva como duradera y abandonaron muchos de sus esfuerzos por sabotearla.

Si está usted pensando en crear una familia mezclada, asegúrese de hablar de sus planes con los niños y de darles cierto tiempo para adaptarse a la idea. Sin embargo, no espere que se muestren encantados con el proyecto. Temen la pérdida de atención de uno de sus padres biológicos y una disminución de su propia importancia, y ven el nuevo matrimonio como el fracaso final de sus esfuerzos por reunir a su familia original. En muchos niños se desarrollará un comportamiento perturbador y destructivo, tendiente (por lo general de manera inconsciente), a separarlo a usted y a su nuevo cónyuge y, así, a reunirlo con el padre o la madre de ellos.

No se engañe creyendo que será fácil o algo inmediato querer a sus nuevos entenados tanto como a sus propios hijos. Nuestros genes van contra nosotros en este aspecto, y tendrá que mantenerse alerta para ser justo. La combinación de nuestro deseo instintivo de proteger a los que son genéticamente nuestros, y el resentimiento de los niños contra los padrastros "intrusos" puede ser una combinación explosiva, y no todos salen triunfadores. Se ha demostrado que los padrastros —de uno y otro sexo— prestan menos atención a la salud, la seguridad y aun a los requerimientos alimentarios de sus hijastros, según la investigación efectuada por Anne Case y Christina Paxson, profesoras de la Universidad de Princeton.[6] Otros estudios también revelan que los hijastros suelen recibir más maltrato de los padrastros que de sus padres biológicos.

He aquí algunos lineamientos para ayudar a los padrastros:

- De ser posible, no muestre favoritismo, porque hará que los hijos de su pareja se sientan rechazados. Recuerde que probablemente se sentían ya abandonados, tanto por el padre con quien ya no están viviendo como por el que volvió a casarse.

- Celebre con frecuencia cónclaves familiares para empezar a crear una familia unida y funcional. Podrá tropezar con una considerable resistencia, pero continúe con los cónclaves, haciendo saber a los niños que ésa es su oportunidad de tener voz en las reglas y decisiones de la familia.

- Cree nuevas tradiciones y ritos, basándose en los que ya conocen los niños de sus familias anteriores, y aumentándolos. Emplee la declaración de la misión de la familia para identificar las características y valores exclusivos de su nueva familia.

- Cuando sea posible, asegúrese de que los niños tengan la oportunidad de pasar cierto tiempo con sus otros padres biológicos (siempre que no sean abusivos).

- No presione a los niños para que se hagan grandes amigos, pues entonces se resistirán cada vez más. Deles tiempo para acostumbrarse a la situación y todos, a la nueva familia.

- No espere que sus hijastros lo llamen mamita o papito. Mamita y papito serán siempre sus padres biológicos, aunque quizá lleguen a emplear esos términos al referirse a usted.

- Aparte cierto tiempo al día para convivir, de uno en uno, con cada uno de sus hijos e hijastros.

- No trate de hacer las cosas por sí solo. Asegúrese de recibir información y apoyo de fuera. Un buen lugar para empezar es la Stepfamily Association of América (saafamilies.org).

"PADRES SOLTEROS"

Muchos de nosotros, en particular las madres, nos encontramos ante el enorme desafío de criar en solitario a un niño. Cuando estábamos firmando ejemplares de *Creating Optimism* en una tienda en Tallahase, Florida, la gerente, madre soltera, nos pidió incluir en nuestro siguiente libro consejos para las madres solas, y no fue la única. Según un informe de la Oficina del Censo de 1998, más de 23 por ciento de todos los niños viven con una madre sola y 4.4 por ciento con un padre solo.[7]

Muchos de los progenitores solos con quienes hemos hablado si no todos, confiesan sentirse aislados y sin apoyo. Difícil resulta encontrar un empleo bien pagado con horario flexible, y aún más encontrar cuidadores de niños buenos y confiables. Pero el mayor de todos los problemas consiste en establecer una red de relaciones de apoyo para usted y su hijo. Es esencial identificar y atacar sus pautas de relaciones negativas (tal vez con la ayuda de un terapeuta), escribir listas de necesidades para las relaciones reales y potenciales, asegurarse de que las relaciones sociales se vuelvan una rutina en su vida, y buscar organizaciones que ofrezcan apoyo y actividades para usted y su hijo, como, por ejemplo, Parents

Without Partners (parentswithoutpartners.org): todo esto es esencial... aunque se sienta tentado a encerrarse con su niño frente al televisor durante las pocas horas en que no esté trabajando o llevándolo a donde él necesite ir.

Los niños de un progenitor sólo suelen temer en particular al abandono debido a que el otro de sus padres se ha ido, pero también porque su supervivencia depende de una sola persona. A usted le ayudará cualquiera de las técnicas ya analizadas para profundizar la relación con su niño, como por ejemplo, participar en sus intereses e incluirlo en el proceso de toma de decisiones, en cuanto pueda hablar.

Vea si puede compartir la vivienda (lo ideal sería con un amigo o con otro padre solo). Aunque algunos padres (o madres) solos sienten que tener su propia casa es símbolo de su éxito e independencia, vivir solo no es tan bueno como con compañeros amables y serviciales, para crear el ambiente de una familia estable. Si no puede compartir la vivienda con un amigo, no deje de entrevistar a todas las personas que le sea posible y, si tienen hijos, vea si se llevan bien con los suyos. No lo haga con personas que tienen un historial de depresión o de relaciones de abuso. Uno de los mejores lugares para obtener orientación y encontrar posibilidades de compartir es la organización Co-abode (co-abode.org).

Además de aplicar los consejos que le dimos en el capítulo 15 para tratar con su ex pareja y ayudar a su hijo a superar la pérdida, he aquí algunas ideas más que los padres solos pueden encontrar útiles:

- Si usted es mujer, descubra un buen modelo de papel masculino (y viceversa, para un hombre). Ciertos estudios muestran que el acceso a la figura del padre ayuda al desarrollo cognitivo del niño, así como a su carácter.[8] Si no tiene amigos u otros miembros de la familia que desempeñen ese papel, infórmese del movimiento Big Brothers Big Sisters (bbbsa.org). Hay más de 500 dependencias de esta organización en Estados Unidos y muchas en el extranjero.

- Evite traer novios o novias a la casa a menos que se trate de una relación comprometida y hayan convenido en la manera en que explicarán su relación al niño. Ser presentado a una serie de amantes ocasionales puede tener un efecto profundamente negativo sobre un niño pequeño.

- Llegue a acuerdos *consistentes* sobre el cuidado de su hijo con una persona o institución en que confíe (para recomendaciones sobre cuidadores, véase el capítulo 17).

- Mantenga un optimismo equilibrado. Haga comentarios positivos acerca de la vida y nunca haga sentir al niño que la situación de usted es irremediable. Recuerde que él tratará de adivinar su humor y aprenderá de sus actitudes. Comparta sus problemas con un confidente y/o terapeuta, en lugar de poner al niño en ese papel.

FAMILIAS MULTIGENERACIONALES

Si lleva una buena relación con uno de sus padres o con ambos, considere vivir con ellos. Estudios efectuados por los profesores Ariel Kalil y Thomas DeLeire, de la Universidad de Chicago, han demostrado que los niños se desempeñan mejor en familias multigeneracionales que con uno solo de sus padres o en cohabitación. Para un niño, una situación de madre/abuelo puede ser tan buena —y a veces mejor— como un matrimonio tradicional,[9] dependiendo de las habilidades de crianza de los abuelos.[10]

Sin embargo, el hecho de que la señora sea su propia madre no significa que siempre tenga razón (¡o no la tenga!) y que usted no tendrá que trabajar en la relación y establecer los límites. De hecho, quizá se vea regresando a las pautas de la niñez y entablando viejas batallas... sólo que ahora con el niño en medio. Y por extraño que parezca hacer esto con sus propios padres, insista en intercambiar listas de necesidades, convenir en las reglas del hogar y sostener cónclaves de familia para resolver los problemas. Sin embargo, en última instancia se trata de su hijo, y es responsabilidad de usted asegurarse de que se satisfagan sus necesidades.

> *Consejo: Sin culpar a su madre (o a su padre) por los errores que crea que están cometiendo, muéstrele que su estilo de crianza puede ser distinto, y exprésele su deseo de que lo ayude a criar a su hijo.*

FAMILIAS QUE COHABITAN

Las estadísticas muestran que los acuerdos de cohabitación son mucho menos seguros que los matrimonios convencionales, pero esta inestabilidad, que puede ser tan nociva para los niños, es la que aparece con más frecuencia entre las personas que han pasado por una relación fracasada y que no tienen planes de casarse.[11]

Si está usted en cohabitación, piense en lo que su compañero deberá hacer —o no hacer— para que usted y su hijo se sientan seguros en esa relación. ¿Qué acciones específicas demostrarán un compromiso a largo plazo? El matrimonio como entidad legal puede no significar mucho para ninguno de ustedes, pero el rito mismo es un compromiso, confirmado por el tiempo, de que se mantendrán unidos "para bien o para mal, en la riqueza o en la pobreza, en la enfermedad o en la salud". Muchas parejas no tradicionales crean unas ceremonias de compromiso para formalizar su unión a sus propios ojos así como a los ojos de sus amigos y —tal vez, lo más importante— de sus hijos.

De hecho, las familias no tradicionales necesitan los ritos más aún que las tradicionales para subrayar su durabilidad y dar una sensación de seguridad a los hijos. Es aquí donde el cónclave familiar y la declaración de la misión de la familia cobran un nuevo significado. ¿Qué principios defiende su familia y cuáles son sus reglas y costumbres?

A menudo, las parejas que cohabitan descubren que se han mudado a vivir juntas sin ningún acuerdo acerca de lo que desean para el futuro, lo que causa inseguridad, conflictos y discusiones. Además de elaborar e intercambiar las importantísimas listas de necesidades, hablen y pónganse de acuerdo sobre lo que ambos desean para el futuro. Hagan planes de largo plazo, desde vacaciones hasta estudios académicos, y asegúrense de que el niño escuche y, si tiene edad suficiente, que participe en la discusión.

Otro peligro que debe evitarse es el aislamiento. Según la profesora Jean E. Stets, de la Universidad de California en Riverside, muchas parejas que cohabitan se aíslan, en especial de los vecinos y de la familia, y a menudo quedan aún más aisladas que las madres solteras o las parejas casadas, lo que conduce a graves problemas, tanto para la pareja como para los niños.[12]

Una razón de que los miembros de parejas que cohabitan se sientan inseguros es la falta de posesiones o activos comunes. Establecer el presupuesto en pareja y poseer cuentas de ahorro conjuntas, fondo mutualista o propiedades ofrece una sensación de permanencia en la relación y seguridad al niño. El objetivo de una familia segura y bien unida es una interdependencia funcional en que se satisfagan las necesidades de cada una de las partes y haga límites claros. Tal vez compartir las finanzas sea una necesidad para usted. O, si no confía usted en su pareja lo suficiente para compartir sus finanzas, hágale saber lo que tendrá que hacer para ganarse su confianza.

Cualquiera que sea la situación, emplee los instrumentos que hemos esbozado en este capítulo y en otros para que su hijo se sienta tan seguro como sea posible, y a prueba de toda depresión. Simplemente, recuerde: cuantas más personas cariñosas y serviciales consiga usted para criar al niño, tanto mejor.

NOTAS

[1] James Q. Wilson, *The Marriage Problem: How Our Culture Has Weakened Families*, Harper Collins, Nueva York, 2002.

[2] Mary Bold, "Blended Families-2", Center for Parent Education, University of Texas, 2001, unt.edu/cpe/module1/blk-2blend.htm.

[3] B. Ram y F. Hou, "Changes in Family Structure and Child Outcomes: Roles of Economic and Familial Resources", *Policy Studies Journal*, 31, núm. 3, 2003, pp. 309-330.

[4] H. Ono, "Marital History Homogamy Between the Divorced and the Never Married Among Non-Hispanic Whites". *Social Science Research*, 34, núm. 2, 2005, pp. 333-356.

[5] R. D. Conger, *et al.*, "Competence in Early Adult Romantic Relationships: A Developmental Perspective on Family Influences", *Prevention and Treatment*, 4, núm. 11, 2001.

[6] A. Case y C. Paxson, "Mothers and Others: Who Invests in Children's Health?", memoria, Research Program in Development Studies, Princeton University, 2000.

[7] U.S. Bureau of the Census, "Marital Status and Living Arrangements", *Current Population Reports*, Series P20-514, Government Priming Office, Washington, D. C., 1998.

[8] D. C. Renshaw, "Fathering" *Psychiatric Times*, 21, núm. 11, 2004.

[9] Ariel Kalil, *et al.*, "Living Arrangements of Single- Mother Families: Variations, Transitions, and Child Development Outcomes", Documento de trabajo 01.20, Harris School, University of Chicago, septiembre de 2001.

[10] C. R. Hess, *et al.*, "Resilience Among African American Adolescent Mothers: Predictors of Positive Parenting in Early Infancy", *Journal of Pediatric Psychology*, 27, núm. 7, 2002, pp. 619-629.

[11] Susan L. Brown y Alan Booth, "Cohabitation Versus Marriage: A Comparison of Relationship Quality", *Journal of*

Marriage and the Family, 58, 1996, pp. 668-678; R. K. Raley y E. Wildsmith, "Cohabitation and Children's Family Instability", *Journal of Marriage and Family*, 66, núm. 1, 2004, pp. 210-219; D. Popenoe, *Life Without Father: Compelling New Evidence That Fatherhood and Marriage Are Indispensable for the Good of Children and Society* Free Press, Nueva York, 1996.

[12] Jan E. Stets, "Cohabiting and Marital Aggression: The Role of Social Isolation", *Journal of Marriage and Family*, 53, 1991, pp. 669-680.

17

SUPERVISIÓN DE INFLUENCIAS EXTERNAS

*

Por muy buenas que sean sus habilidades de padre y su relación con su pareja, no puede usted aislar por completo al niño de la sociedad. Tampoco debe hacerlo. Si ha prestado atención a las cosas importantes relacionadas con él y con su pareja durante sus seis primeros años, habrá echado usted los cimientos de su seguridad y bienestar futuros.

Con todo, en esos seis primeros años tendrá que protegerlo en lo posible contra los peores aspectos de disfunción de la sociedad mientras lo prepara para sus propias elecciones. La tarea de usted consiste en limitar las influencias corruptoras que pueden volverlo un individuo deprimido, angustiado, temeroso, aislado y víctima del consumismo, fuerzas tan dañinas que constituyen un verdadero abuso emocional, cognitivo y hasta físico.

Las más poderosas de estas fuerzas, y las más potencialmente nocivas, provienen de cuatro áreas principales: los medios informativos, en especial la televisión, el internet y los juegos de video; los anuncios y mensajes de patrocinadores; los bravucones y otros compañeros disfuncionales de juegos; y los cuidadores, como niñeras, maestros de guardería y preescolar, y trabajadores sociales, algunos de los cuales pueden ser abusivos o, simplemente, incompetentes.

Desde luego, no todo lo que llega desde el exterior es malo: hay buenos programas de televisión, maravillosos *websites* educativos y jardines de niños con un personal cariñoso, cuidadoso y profesional. Algunos padres intentan aislar por completo a sus hijos —pidiéndoles que eviten tener compañeros de juegos o socializar, o aislándolos de todos los medios informativos—, y ésta es mala educación. Pero en estos tempranos años, usted y su pareja son los sensores, los "porteros" y los modelos para toda interacción funcional con la sociedad.

LOS MEDIOS: EL BUENO, EL MALO Y EL FEO

"¡Si no me dejas jugar *Nukem,* te mataré! ¡Perra!"

El pequeño Andrew, de cinco años, estaba hablando a su madre, y lo decía en serio. Sus padres estaban divorciados y él había recibido ese juego de su padre, con quien lo jugaba durante las visitas —autorizadas por la ley— del niño a la casa de su padre. El berrinche distaba mucho de ser el único ejemplo de la conducta desafiante y agresiva de Andrew hacia su madre.

Desde luego, la televisión, los juegos e internet no son enteramente malos. Pueden servir, y sirven, a un propósito útil, dando educación, información y entretenimiento inofensivo. Pero por cada Plaza Sésamo hay una docena de programas disfuncionales durante el día; juegos y concursos de mal gusto; noticiarios con imágenes perturbadoras y violentas; y literalmente centenares de anuncios de comida chatarra, juegos y ropas. Por cada juego educativo hay muchos sumamente violentos de fácil acceso.

Según investigadores como el profesor de psicología John Murray, de la Universidad Estatal de Kansas, la violencia en los medios informativos promueve la agresión, la desensibilización y la falta de empatía, mayor propensión a dañar a los demás y una cosmovisión temerosa.[1] Las imágenes de video afectan así a los niños porque llegan a las mismas zonas del cerebro que causan angustia, depresión y trastorno de estrés postraumático (TEPT), explica Murray.

Otros investigadores, como el profesor Craig Anderson de la Universidad Estatal de Iowa, relacionan los juegos de video y de televisión con toda una gama de comportamientos antisociales en los niños pequeños (sobre todo en los varones), que han sido diagnosticados como "trastornos de conducta" o "trastorno desafiante oposicional".[2]

Por fortuna, hay cosas que usted puede hacer para mitigar en forma considerable el problema de las influencias dañinas de los medios informativos.

- Vigile cuidadosamente lo que su niño ve en la televisión o *websites*. La investigación ha mostrado que los niños cuya exposición a la violencia televisada se ha reducido mejoran su comportamiento y se vuelven mucho menos agresivos.[3]
- Válgase del cónclave de familia para decidir cuáles programas, juegos y *websites* autorizará usted en su casa.
- Limite a una hora al día el tiempo de televisión del niño.
- Hable con su hijo sobre la violencia que ha visto y sus consecuencias en la vida real, incluyendo modos de resolver los problemas sin violencia.

TERRORISMO Y HECHOS TRAUMÁTICOS

En gran parte por culpa de los medios, las imágenes y noticias de desastres, guerras y terrorismo entran directamente en nuestras habitaciones y, como resultado, también en los patios de las escuelas y campos de juego. Hasta niños muy pequeños absorben más de lo que podríamos creer y quedan confundidos, temerosos por su propia seguridad y posiblemente sufren TEPT.[4] Aunque es importante limitar su exposición directa a imágenes aterradoras, sí hay maneras adicionales en que puede ayudarlos a hacer frente a los hechos terribles.

Puede ocultar su propia reacción a los hechos horribles, y hasta el niño más pequeño notará sus emociones. Es importante tranquilizarlo diciéndole que él no es la causa de la tristeza o la ira de usted. Si insiste en preguntar por qué se entristeció usted, podrá decirle que alguna persona fue lastimada, pero insista en que su familia está a salvo. Si su hijo de tres a cinco años ha oído hablar de malas acciones, háblele en términos concretos, subrayando, una vez más, que él está seguro.

Por ejemplo, si está usted tratando de explicar el ataque terrorista del 11 de septiembre de 2001, podrá decir algo como esto: "Sucedió una cosa triste y aterradora. Algunas gentes realmente malas derribaron edificios de Nueva York y de Washington. Muchas personas fueron lesionadas, y algunas murieron. Nosotros estamos a salvo. Nadie está contra nosotros. Pero nos entristece y nos enoja que esto le ocurriera a otras personas." Puede usted añadir esto: "Personas de muchos países están tratando de asegurarse de que esto no vuelva a ocurrir." No tema incluir evaluaciones de valor como: "La gente que hizo esto era muy mala. Matar gente no es, nunca, un modo de resolver problemas."

Durante una crisis, es importante mantener la vida lo más normal posible. Los niños se recobran casi de cualquier acontecimiento externo deprimente si ven que sus vidas no han sido afectadas ni alterada su rutina. Su resistencia aumentará si les da usted abrazos extra o les dedica más tiempo. Permítales hablar acerca de los hechos y escuche lo que dicen que comentan sus amigos. Indíqueles en qué aspectos cree usted que están equivocados o que están exagerando.

Es normal que los niños sufran de regresión cuando se espantan. Durante las semanas que siguen a un desastre, el niño puede mostrarse más apegado de lo normal, mojar su cama y tener dificultades para dormir. Es importante no enojarse ni castigarlo por esta conducta: eso sólo confirmaría su idea mágica de que él es el responsable de la ira de usted y, tal vez, hasta de los propios hechos.

 Consejo: Mientras su niño está despierto, busque informarse de las noticias, pero no por medio de la televisión, sino por la radio, periódicos o internet.

PATROCINIO Y PUBLICIDAD

Los padres se encuentran en grave peligro de permitir que su influencia y su autoridad sean usurpadas por mensajes comerciales hábilmente presentados que compiten por el control del cerebro de los niños, desde muy temprana edad. Niños hasta de diez años no comprenden el propósito de los anuncios o la diferencia entre el contenido de un programa y los comerciales con que lo rodean.[5] Desde luego, ningún niño de seis años lo comprendería. Para ellos se trata simplemente de una figura con autoridad, que les dice lo que deben hacer: figura no más ni menos persuasiva que la de algún otro adulto (incluso usted).

Desde luego, los pequeños que aún no van a la escuela no pueden recordar los nombres de las marcas, ni siquiera después de muchas repeticiones, pero sí recuerdan escenas de los anuncios[6] y asimilan el metamensaje subyacente: que hay algo innatamente bueno y virtuoso en el acto de comprar, esencial para ganar amigos y autoestima.

Los productos que más se anuncian a los niños son alimentos. Dice la profesora Mary Story, de la Universidad de Minnesota: "Se emplean múltiples técnicas y canales para llegar a los niños, empezando cuando son muy pequeños, para imponer ciertas marcas e influir sobre la conducta de compra de productos alimenticios. Estos canales de propaganda incluyen la televisión, la mercadotecnia en las escuelas, la ubicación de los productos, los clubes para niños, el internet, juegos y productos con logotipos de ciertas marcas y promociones dirigidas a ellos, como la venta de diversos artículos juntos. Los alimentos que ofrecen a los niños suelen tener un alto contenido de azúcar y de grasa, y, como tales, van en contra de las recomendaciones nacionales de dieta."[7]

Las personas a quienes regularmente vemos en los medios informativos pasan a formar parte, en cierto sentido, de la familia, y actúan como poderosos modelos de comportamiento. Un estudio efectuado por la profesora Sharon Lennon, de la Universidad Estatal de Ohio, mostró que hasta los adultos establecen "seudorelaciones" con personajes de la televisión, que les mueven a hacer compras impulsivas.[8] Este mecanismo de formación de seudo relaciones es aún más agudo en los niños pequeños. De hecho, niños de apenas doce meses son impulsados por lo que los personajes de la televisión prefieren o rechazan.[9]

Esto es lo que puede usted hacer:

- Cuando sus niños estén viendo la televisión, manténgala en canales de PBS u otros no comerciales.
- Vea la televisión con su hijo. La investigación ha demostrado que un niño es más susceptible a los anuncios si está solo viendo la televisión, y que es menos probable que pida las cosas que vea anunciadas si usted está a su lado.[10]
- Como parte de su declaración de la misión de la familia, desarrolle con su pareja un sistema de valores no materialista. Hable con su niño en edad preescolar acerca del daño que causa el consumismo.
- Explique a su hijo que lo que dicen o sugieren los anunciantes en sus mensajes no necesariamente es cierto.
- Muestre al niño, con su ejemplo, que usted está más interesado en buscar la felicidad en los valores que la satisfacción instantánea.

- No emplee la televisión ni la computadora como sustituto de una niñera.

BRAVUCONES Y VÍCTIMAS

Nuestra sociedad tan propensa a la violencia se refleja en el microcosmos del hogar y el patio de la escuela, donde la bravuconería y el ostracismo son crecientes problemas que pueden causar depresión. Muchos estudios han corroborado que la rebeldía se aprende en gran medida en casa, en la guardería y en la escuela por falta de disciplina.[11] Y también se aprende el papel de víctima: las características de conducta que indican a un bravucón que compañero de clases, de equipo o de juegos es una víctima potencial.[12]

En contra de lo que generalmente se cree, no todos los bravucones reflejan su baja autoestima en niños más débiles; a muchos tan sólo se les ha enseñado a satisfacer sus necesidades mediante agresión. Algunos investigadores, entre ellos el profesor David Wolke, de la Universidad de Hertfordshire, en Inglaterra, han descubierto que la mayoría de los bravucones (que no son, a su vez, víctimas) son más sanos, en lo físico y en lo emocional, que sus víctimas,[13] y varios estudios indican que tienen una alta autoestima.[14]

Los bravucones suelen ser conscientes de que lo que están haciendo es moralmente malo, pero la experiencia les ha demostrado que pueden salirse con la suya. Los niños preescolares suelen ser altruistas y prosociales cuando está presente un adulto, pero mucho menos en su ausencia. En términos biológicos, esto es del todo comprensible. Como para los polluelos en un nido, las recompensas —y, por tanto, las posibilidades de sobrevivencia— suelen ser para el más fuerte. En tiempos de escasez, esta agresión —lo que llamamos bravuconería— puede ser una estrategia sensata.[15]

Y desde luego, vivimos en una época de escasez: no necesariamente escasez de alimento, pero sí de atención, de tiempo y cariño. Un hermano más fuerte abusará de uno más pequeño para obtener dominio y, así, acceso a un sustento emocional. Y lo mismo ocurrirá en cualquier atiborrada aula, jardín de niños, ambiente competitivo de una oficina u hogar en que los padres, maestros u otras figuras adultas de autoridad tengan poco tiempo para dedicarlo a quienes están a su cargo.

Los niños de escuela primaria comparten tres actitudes hacia la bravuconería: gran admiración hacia los bravucones, una tendencia a despreciar a las víctimas y un apoyo declarado a la idea de que un adulto debe intervenir en favor de la víctima.[16] En general, los bravucones son más abiertos y extrovertidos y, con frecuencia, más populares que sus víctimas, quienes típicamente son solitarios con menos atributos sociales.[17] Parte de esta aprobación social se debe al hecho de que el bravucón está haciendo al niño menos popular de lo que los otros niños quisieran hacerle.

¿Quién, entonces, es un bravucón? Esto no está bien definido. Algunos niños son siempre los bravucones y algunos son las eternas víctimas. Sin embargo, la mayoría de los bravucones también son, a veces, víctimas. Un niño puede amedrentar a su hermana o a sus compañeros de juegos, y al mismo tiempo vivir temeroso de un padre autoritario, o ser intimidado por su hermano mayor o por otros niños.[18]

Lo que es más: a menudo, la bravuconería parece diferente desde los puntos de vista de la víctima, los padres o los maestros. José, de seis años, que entró a primer año en la escuela de un barrio bravo, no dijo a sus padres que intimidar a otros era un rito de paso. Sus padres siempre habían considerado su fanfarrona rudeza para con su hermano menor, Isaac, como una expresión inofensiva de su juventud, y no hicieron caso a los moretones que empezaron a aparecer en los brazos, las piernas y el torso de Isaac, pensando que, como no se quejaba, todo debía ir bien. En cambio, sí notaron que el hermano menor iba volviéndose más inactivo y parecía perder interés en cosas que antes le gustaban. Interrogado sobre qué andaba mal, su respuesta habitual era "nada" o "estoy bien". Un día, su padre descubrió a Isaac llorando en su habitación. Cuando le preguntó qué ocurría, dijo Isaac: "No puedo decirlo. José me pegaría." Lo que a los padres les había parecido un juego inofensivo era intolerable intimidación para Isaac.

Algunos bravucones y casi todos los bravucones/víctimas, y las víctimas, están más deprimidos que sus compañeros. En realidad, se encuentran en potencial riesgo de suicidio cuando llegan a adolescentes, según un importante estudio publicado en el *British Medical Journal*.[20] Aunque los bravucones habitualmente no han sido víctimas, en su mayoría comparten una vida hogareña difícil o descuidada y proceden de familias en que hay gran violencia entre sus padres, física o verbal. Los bravucones/víctimas son, en general, víctimas de violencia familiar (incluso, de castigos físicos) o de amenazas.[21]

Las víctimas a menudo proceden de familias en que hay secretos, en que hay una cultura de silencio y de aislamiento social, que puede hacerlos más vulnerables, al no querer informar de que se les intimida, ni buscar ayuda de los adultos. Suelen ser de menor estatura que sus compañeros, y en gran porcentaje han sido víctimas de intimidación por sus hermanos.[22]

John Pearce, profesor de psiquiatría del niño y el adolescente en la Universidad de Nottingham, ha hecho una lista de características emocionales que definen a una víctima: temperamento angustiado, baja autoestima, inseguridad, falta de amigos, reactividad emocional, son fáciles de dominar y no agresivos.

ESTRATEGIAS CONTRA LOS BRAVUCONES

No espere que su hijo de pronto deje de ser un bravucón o una víctima. Una vez que estas actitudes echan raíces, permanecen.[23] Seguir las estrategias que mostramos enseguida durante la primera infancia y los años preescolares asegurará que su niño no sea ninguna de las dos cosas.

- Evite los pleitos o la agresividad con su pareja. Los niños imitarán la agresión como medio de resolver problemas. Aproveche el cónclave familiar y el diálogo basado en necesidades para resolver los conflictos.
- Enseñe a su niño que la agresión es inaceptable como medio de satisfacer sus necesidades. Identifique con claridad los comportamientos que considera objetables y establezca reglas y consecuencias específicas.
- No aplique castigo corporal. Nunca hay una buena razón para golpear a un niño, y el hacerlo produce depresión y conducta agresiva.
- No tenga un consentido. Preste igual tiempo y atención a todos sus hijos.
- No guarde secretos ni pida a su niño que lo haga.
- Si un niño se queja de estar siendo intimidado dentro o fuera de la casa, tome esto en serio y haga algo al respecto.
- Enseñe a su hijo a manifestar sus necesidades, y establezca límites apropiados. Los bravucones rara vez escogen a quienes conocen sus propios límites y los comunican con firmeza.
- Asegúrese de que las recompensas que el bravucón haya obtenido con sus acciones les sean confiscadas inmediatamente. Encuentre algún modo en que pueda indemnizar a su víctima. Una disculpa es un buen comienzo.
- Recuerde que la mayoría de los ejemplos de intimidación por un miembro de la familia indican que hay un problema subyacente en toda la familia. Es el momento de reevaluar las reglas, los límites y las relaciones familiares.

ELECCIÓN DE LOS CUIDADORES APROPIADOS

El cuidado de los niños es una de las cuestiones más discutidas de nuestra época. A nuestro parecer, encargar el cuidado de un niño a una institución antes de que cumpla los 12 meses es algo potencialmente dañino, y hasta un cuidador de tiempo completo puede no ser apropiado antes de la preprimaria. Sin embargo, los hechos de la vida económica a menudo hacen que la única opción sea poner al niño al cuidado de alguien.

Los partidarios de mandar al niño a una institución, como Joan Peters en su libro de 1998 *When mothers Work: Loving Our Children Without Sacrificing Ourselves,*[24] sostienen que los niños al cuidado de una institución se desarrollan más pronto y que, a la postre, obtienen más éxito en la escuela y la vida futura. Sus adversarios, como Mary Eberstadt, autora del libro de gran venta *Home-Alone América,* refutan esta propuesta. La señora Eberstadt ve la depresión y otros problemas psiquiátricos, como conducta antisocial, consumo de drogas, delincuencia y sexo peligroso, como resultado de la experimentación de Estados Unidos con la atención no maternal a los niños.[25] Casi lo único en que ambos bandos están de acuerdo es en que una mala atención al niño, de cualquier índole, es sumamente dañina en lo psicológico y lo físico.

Para atenuar los efectos nocivos de una separación temprana, necesitará preparar a su hijo para la experiencia del cuidado en manos ajenas, y estar seguro de escoger el tipo debido de encargado o de institución. Existen muy diversos consejos acerca del mejor tipo de cuidado, en gran parte patrocinados por la propia industria del cuidado infantil o por iniciativas particulares. También hay una vasta gama de recursos sobre cuidado infantil, que incluyen guarderías, o grupos de juego, negocios formales, cuidadores de tiempo completo o parcial, atención en el propio hogar, grupos de madres y bebés, atención en cooperativas, y, desde luego, niñeras.

Antes de que se ponga usted a buscar, determine exactamente qué necesidades cubrirá el dejar encargado a su hijo: ir a trabajar medio tiempo, trabajar tiempo completo, tomarse los ocasionales "recesos" o hacer las compras diarias o semanales. Algunos tipos de cuidado al niño son más flexibles que otros. No mezcle, al azar, los tipos de cuidado al niño. Los niños muy pequeños obtienen de la rutina su sentido de seguridad: hacer las mismas cosas con las mismas personas a las mismas horas de cada día.

La atención familiar

Las más de las veces, los mejores cuidadores del niño son miembros de la familia, incluso la pareja, su madre, su suegra y sus hijos mayores. Sin embargo, hay casos en que un miembro de la familia puede no ser la elección debida. Nadia, quien había pasado muchos años soportando las críticas y castigos físicos aplicados por su madre, sintió que de todos modos su hija debía estar al cuidado de su abuela. Cuando se le hizo ver que simplemente estaba haciendo que su hija sufriera eso mismo, Nadia cambió de opinión, e hizo otro acuerdo. Aunque a veces se sentía culpable al excluir a su propia madre, comprendió que estaba haciendo lo mejor para su hija.

De manera similar, tenga cuidado si deja al niño pequeño a cargo de un hermano mayor envidioso o renuente, quien consciente o inconscientemente proyectará sus frustraciones en su hermano o hermana más pequeños.

Niñeras y *baby-sitters*

Si va usted a trabajar tiempo completo y no cuenta con un miembro de la familia en quien confíe, sin duda la mejor opción es una buena niñera. Sin embargo, esto también es probablemente lo más costoso y más complejo en cuestión de papeleo e impuestos. Como madre sustituta de su niño, hay que traer pronto a la niñera para que el niño forme un nexo seguro con ella, y lo ideal sería que siguiera con ella al menos hasta que vaya al jardín de niños.

Además de los consejos obvios de buscar referencias, dar información detallada de sus requerimientos a una bolsa de trabajo, y acordar un periodo de prueba, para seleccionar a la persona idónea utilice las técnicas de relación que hasta aquí hemos analizado.

Haga una descripción detallada del trabajo, incluyendo las cosas que usted desea que la niñera ayude: lavar la ropa y preparar los alimentos del niño; si está de acuerdo en que cuide de sus propios hijos además de los de usted en su casa; y si necesita conducir un auto y, por tanto, tener licencia.

Establezca una lista de necesidades que incluya la relación que desea tener con ella y que ella tenga con el niño. Muchas de las necesidades de usted (y de los lineamientos para una entrevista) también se aplican a las *baby-sitters*. Ejemplos: "Necesito que me diga usted la verdad", "necesito que haga usted lo que dice que hará", o bien, "necesito que lo elogie al menos cinco veces al día y nunca lo critique". Si está usted buscando a una niñera que viva en su propia casa, piense en lo que le pediría a alguien que compartirá su hogar, por ejemplo "necesito que diga usted buenos días y sonría por la mañanas", o "si está usted enojada, necesito que nos diga si eso tiene que ver con nosotros y, de ser así, qué quiere usted que hagamos de otra manera".

Hable de todas sus necesidades en la entrevista, y no olvide preguntar lo que ella necesitará de usted, en términos concretos y prácticos, para que la experiencia y las relaciones tengan éxito. Durante la negociación también evalúe la capacidad de ella en cuestión de relaciones y su filosofía acerca de la crianza de los niños. Recuerde que esta persona establecerá un nexo con su hijo y que puede desempeñar una parte esencial durante su crecimiento. No tenga miedo de preguntarle por su propia niñez (recuerde que todos tendemos a re-crear el pasado). Probablemente celebrará usted varias entrevistas con aspirantes al puesto de niñera, y ella deberá conocer a su pareja (y, desde luego, también a su niño). Las preguntas podrían incluir:

- ¿Cuánto tiempo estuvo usted en su último empleo, y cuánto tiempo piensa quedarse aquí?

- ¿Qué le gustaba o le disgustaba de su último empleo? (Su respuesta puede indicar el valor que atribuye a las relaciones y su capacidad de formarlas.)
- ¿Cómo la educaron a usted, de niña, y quién? (Está usted buscando una experiencia de apropiada fijación de límites y de consecuencias; si los padres de ella se valían de castigos físicos, deberá usted preocuparse y profundizar. ¿Se da cuenta ella de que eso estuvo mal?)
- ¿Quién la elogiaba a usted cuando era pequeña, y por qué razón?
- ¿Cómo se llevaban sus padres entre sí, y con los niños?
- Si pudiera usted cambiar una cosa de su infancia, ¿cuál sería?

El lenguaje corporal de una solicitante es muy revelador. Una postura rígida sugiere angustia, que podría trasmitir al niño, los hombros caídos indican que ha sido criticada y puede ser criticona, y un hombro más alto que el otro puede ser eco de un castigo físico. Cuanto más relajada se muestre en su cuerpo, más probablemente tendrá una conexión física apropiada y cariñosa con el niño. ¿Le ofrece ella a su niño la oportunidad de buen contacto físico, en lugar de precipitarlo o evitarlo? Confíe usted en su intuición (su cerebro en el estómago) sobre lo bien que el niño parece llevarse con cada candidata.

El cuidado externo

El cuidado en una institución probablemente causará gran estrés a su hijo. Investigadores dirigidos por Lieselotte Ahnert, de la Universidad Libre de Berlín, descubrieron que los niveles de cortisol, hormona del estrés, mostraban un aumento hasta de 100 por ciento por encima de los niveles normales, cuando niños estadounidenses de 15 meses fueron encomendados a una institución.[26] Si estos niveles de estrés continúan durante un periodo extenso, la depresión y la angustia serán el resultado inevitable.

Usted podrá facilitar la transición de varias maneras. Acompañe al niño las primeras veces para que pueda irse acostumbrando al ambiente de una manera que no le parezca amenazadora. Permítale llevar su juguete favorito. Si tiene edad suficiente, prepárelo hablándole de la experiencia y de los nuevos amigos que conocerá. Anímelo a expresar sus temores y angustias acerca de estar apartado de usted.

Antes de elegir una institución, pregúntese si desea que haga hincapié en el juego o en el aprendizaje, y vea el número de alternativas, de preferencia con el niño. Observe lo que ocurre allí al menos durante dos horas, y tome notas de modo que usted y su pareja puedan analizar todas las opciones.

- En cada institución, pregunte por el número de niños y por la proporción entre adultos y niños. Deberá haber casi un adulto por cada cuatro niños.
- Observe la manera en que los encargados interactúan con los niños. ¿Les dan apoyo y cariño? ¿Refuerzan el comportamiento social entre los niños? ¿Los animan cariñosamente a intentar nuevas actividades? ¿Parecen flexibles, confiados, competentes y sensibles? ¿Parecen felices los niños? ¿Cómo actúa el personal en caso de accidentes, peleas, trastornos emocionales y modorra?
- Inspeccione cuidadosamente la instalación. ¿Está limpia, se ve alegre, segura y bien iluminada (lo que es muy importante para prevenir la depresión)? ¿Hay un área de tranquilidad? ¿Hay un patio de juegos bien equipado para niños muy pequeños y mayores (esencial para evitar TDA/TDAH)?
- Pregunte por los valores y las creencias de quienes dirigen el lugar, incluyendo la filosofía del director (o encargado) sobre el cuidado de los niños.
- Vea cómo juegan los niños. ¿Favorecen los juguetes el desarrollo motor grueso y fino? ¿Hay materiales para teatro, arte o

juego solitario? ¿Se anima cariñosamente a los niños a "aventarse", o se les presiona?

- Observe la manera en que el encargado o los directivos del lugar interactúan con los padres. ¿Siente que son respetadas sus necesidades o que los padres simplemente son unos estorbos que sólo pagan las cuentas? ¿Pueden presentarse los padres sin aviso previo, para estar con los niños? ¿Se celebran conferencias periódicas entre los padres y los encargados? ¿Pueden hacer sugerencias los padres acerca del centro, o de cómo interactuar con los niños? ¿Puede usted modificar el horario en que su niño esté allí?

- Observe lo feliz que parece su hijo en cada lugar.

Supervisar las influencias externas sobre su niño dentro de una sociedad disfuncional nunca será fácil, y nadie puede hacerlo sin fallas. Es aquí donde usted y su pareja acaso necesiten revisar y hasta desarrollar más sus valores, encontrar un terreno común, apoyarse y alentarse enérgicamente uno al otro. Aunque la tarea es seria, nunca olvide que la meta final es un hogar feliz, lleno de amor y alegría... no un hogar perfecto.

NOTAS

[1] John P. Murray, "TV Violence and Brainmapping in Children", *Psychiatric Times*, 18, núm. 10, 2001, pp. 70-71; J. B. Funk, *et al.*, "Violence Exposure in Real-Life, Video Games, Television, Movies, and the Internet: Is There Desensitization?", *Journal of Adolescence*, 27, núm. 1, 2004, pp. 23-39.

[2] C. A. Anderson y K. E. Dill, "Video Games and Aggressive Thoughts, Feelings, and Behavior in the Laboratory and in Life", *Journal of Personality and Social Psychology*, 78, núm. 4, 2000, pp. 772-790.

[3] T. N. Robinson, *et al.*, "Effects of Reducing Children's Television and Video Game Use on Aggressive Behavior", *Archives of Pediatrics and Adolescent Medicine*, 155, núm. 1, 2001, pp. 17-23.

[4] A. Novac, "Traumatic Stress and Human Behavior", *Psychiatric Times*, 18, núm. 4, 2001, pp. 41-43.

[5] C. Oates, *et al.*, "Children and Television Advertising: When Do They Understand Persuasive Intent?", *Journal of Consumer Behavior*, 1, núm. 3, 2002, pp. 238-245.

[6] *Ibid.*

[7] M. Story y S. French, "Food Advertising and Marketing Directed at Children and Adolescents in the U.S.", *International Journal of Behavioral Nutrition and Physical Activity*, 1, núm. 3, 2004.

[8] S. Lennon y J. H. Park, "Television Apparel Shopping: Impulse Buying and Parasocial Interaction", *Clothing and Textiles Research Journal*, 22, núm. 3, 2004, pp. 135-144.

[9] Donna L. Mumme y Anne Fernald, "The Infant as Onlooker: Learning from Emotional Reactions Observed in a Television Scenario", *Child Development*, 74, núm. 1, 2003, pp. 221-237.

[10] K. J. Pine y A. Nash, "Dear Santa: The Effects of Television Advertising on Young Children", *International Journal of Behavioral Development*, 26, núm. 6, 2002, pp. 529-539.

[11] Por ejemplo, C. Hughes, *et al.*, "Antisocial, Angry and Unsympathetic: 'Hard to Manage' Preschoolers' Peer Problems, and Possible CognitiveInfluences", *Journal of Child Psychology and Psychiatry*, 41, núm. 2, 2000, pp. 169-179; V. Stevens, *et al.*, "Relationship of Family Environment in Children's Involvement in Bully-Victims Problems in School", *Journal of Youth and Adolescence*, 31, núm. 6, 2002, pp. 419-428.

[12] M. Mahady-Wilton, *et al.*, "Emotional Regulation and Display in Classroom Victims of Bullying: Characteristic Expre-

ssions of Affect, Coping Styles and Relevant Contextual Factors", *Social Development*, 9, núm. 2, 2000, pp. 226-245.

[13] D. Wolke, *et al.*, "Bullying Involvement in Primary School and Common Health Problems", *Archives of Diseases in Childhood*, 85, núm. 3, 2001, pp. 197-201.

[14] Véase J. B. Pearce y A. E. Thompson, "Practical Approaches to Reduce the Impact of Bullying", *Archives of Diseases in Childhood*, 79, núm. 6, 1998, pp. 528-531.

[15] P. Hawley, "Strategies of Control, Aggression, and Morality in Preschoolers: An Evolutionary Perspective", *Journal of Experimental Child Psychology*, 85, núm. 3, 2003, pp. 215-235.

[16] K. Rigby y P. T. Slee, "Bullying Among Australian School Children: Reported Behavior and Attitudes Toward Victims", *Journal of Social Psychology*, 131, núm. 5, 1991, pp. 615-627.

[17] M. J. Boulton, "Concurrent and Longitudinal Relations Between Children's Playground Behavior and Social Preference, Victimization, and Bullying", *Child Development*, 70, núm. 4, 1999, pp. 944-954.

[18] R. D. Duncan, "Peer and Sibling Aggression: An Investigation of Intra and Extra-Familial Bullying", *Journal of Interpersonal Violence*, 14, núm. 8, 1999, pp. 871-886.

[19] F. Mishna, "A Qualitative Study of Bullying from Multiple Perspectives", *Children and Schools*, 26, núm. 4, 2004, pp. 234-247.

[20] R. Kaltialo-Heino, *et al.*, "Bullying, Depression and Suicidal Ideation in Finnish Adolescents: School Survey", *British Medical Journal*, 319, núm. 7206, 1999, pp. 348-351.

[21] D. Schwartz, *et al.*, "The Early Socialization of Aggressive Victims of Bullying", *Child Development*, 68, núm. 4, 1997, pp. 665-675.

[22] R. D. Duncan, 1999.

[23] J. B. Pearce y A. E. Thompson, 1998.

[24] Joan K. Peters, *When Mothers Work: Loving Our Children*

Without Sacrificing Ourselves, Perseus, Reading, MA, 1998.
[25] M. Eberstadt, *Home-Alone America: The Hidden Toll o/Day Care, Behavioral Drugs and Other Parent Substitutes*, Sentinel, Nueva York, 2004. [26] L. Ahnert, *et al.*, "Transition to Child Care: Associations with Infant Mother Attachment, Infant Negative Emotion, and Cortisol Elevations", *Child Development*, 75, núm. 3, 2004, pp. 639-650.

CONCLUSIÓN

Ser padres buenos y optimistas no es tarea sencilla, sobre todo en nuestra sociedad disfuncional. La guía que hemos ofrecido le ayudará a criar un niño optimista y resistente, capaz de aprender lo necesario para enfrentarse a los desafíos inevitables y, lo que es aún más importante, a rodearse de personas que le den apoyo y cariño, para ayudarlo.

Sin embargo, toda esta información puede parecerle, al principio, un tanto abrumadora, en especial si considera que tiene que hacer las cosas a la perfección. Es probable que quiera remitirse, de vuelta, a ciertos capítulos, y compartir determinados puntos de interés, si no todo el libro, con su pareja y con otras personas que participen en el cuidado de su hijo. Ante todo, tenga en cuenta los siguientes secretos de las familias optimistas.

- **Buenas relaciones dentro de la familia.** La manera en que usted y su pareja (o cuidadores del niño) se apoyan es, acaso, el factor más importante para el bienestar de ustedes y el de su hijo. Y sin embargo, puede ser aterradoramente fácil dar por sentadas estas relaciones cuando se tienen frenéticos horarios de trabajo y se cuida a un niño pequeño. Tenga cuidado con las señales de peligro que hemos indicado, como permitir que los rituales de familia desaparezcan o recaer en malos hábitos, como críticas, y no pasar juntos el tiempo suficiente. Piense en sus necesidades, y dígalas con claridad a todos los miembros de la familia, a quienes intervienen en el cuidado del niño y hasta a amigos y compañeros de trabajo.

- **Tiempo y atención.** En nuestra sociedad moderna, éstos son, a menudo, los "artículos" más escasos. Establezca claramente sus prioridades, haciendo hincapié en lo que tiene verdadera importancia para ambos, y apéguese a sus planes. Recuerde que los seis primeros años son, con mucho, los más importantes para la formación, y que los primeros 12 meses, en particular, determinarán la solidez del nexo que el niño forme con usted. El tiempo que pase con él pagará inapreciables dividendos de por vida. Abundantes elogios y reconocimientos apropiados formarán su autoestima y confianza en sus capacidades y, con el tiempo, permitirán a su hijo transmitir la cultura del elogio a su propia familia.

- **Empatía y consistencia.** Al principio, puede ser difícil poner en práctica estas importantísimas cualidades de la crianza, en especial si sus padres no supieron ser empáticos y consistentes con usted. Sin embargo, estas cualidades pueden aprenderse. Piense en lo que el niño puede estar sintiendo o necesitando, y enséñele a expresar sus emociones y necesidades mediante preguntas de su interés. Trabaje con su pareja y toda la familia para establecer una rutina consistente y clara, y unos límites invariables.

- **Valores familiares compartidos.** Siga el modelo de nuestros antepasados cazadores-recolectores y el consejo de los investigadores modernos, y aproveche el gran poder de unión que tienen los valores, las creencias, la espiritualidad y los rituales conjuntos. Háblele a su niño acerca de lo que a usted le importa, y, conforme vaya creciendo, pídale su opinión (recuerde la declaración de la misión de la familia). Valores familiares positivos, como el esforzarse por alcanzar una felicidad auténtica a largo plazo, en contra de la satisfacción inmediata, y apreciar las buenas relaciones, sirven de protectores contra la oleada de mensajes negativos de nuestra sociedad consumista y abrumada de conflictos.

- **Un ambiente natural estimulante.** La naturaleza es la salvadora de usted así como de su hijo. Juegos y ejercicios regulares en un ambiente natural son vitales para la salud física y emocional. Lo que es más: dan a su hijo la oportunidad de ser niño, lo que va volviéndose cada vez más raro en nuestra sociedad. Experimente la alegría de actividades sin restricciones, de las superficies que estimulan las habilidades de movimiento, y de los sonidos, aromas y paisajes que nos alimentan en los niveles más profundos.

Para reclamar nuestro derecho de nacimiento al optimismo, simplemente debemos ser humanos, crear las condiciones en que deben vivir los seres humanos: relaciones de apoyo y cariño, acceso al mundo natural y creencias que nos inspiren y nos conecten. En estas condiciones, su hijo y usted podrán aspirar a una vida optimista, saludable y de realización plena.

BIBLIOGRAFÍA

Belsky, J., *et al.*, eds., *Child Care and Child Development: Results from the* NICHD *Study of Early Child Care and Youth Development*, Guilford Press, Nueva York, 2005.

Bowlby, John, *The Making and Breaking of Affectional Bonds*, Routledge, Nueva York, 1979.

Brooks, Robert y Sam Goldstein, *Raising Resilient Children: FosteringStrength, Hope, and Optimism in Your Child*, Contemporary Books, Lincolnwood, IL, 2001.

Cortesi, David E., *Secular Wholeness: A Skeptic's Path to a Richer Life*, Trafford, New Bern, NC, 2002.

Dubovsky, Steven, *Mind-Body Deceptions: The Psychosomatics of Everyday Life*, Norton & Co., Nueva York, 1997.

Eberstadt, M., *Home-Alone America: The Hidden Toll of Day Care, Behavioral Drugs and Other Parent Substitutes*, Sentinel, Nueva York, 2004.

Fortinberry, Alicia, "Empower Your Body". Hopeline, Reno, NV, 1998, CD de audio.

Fraiberg, S., *The Magic Years*, Scribner, New York, 1959.

Goleman, Daniel, *Emotional Intelligence: Why It Can Matter More Than* IQ, Bloomsbury, Londres, 1996.

Gottman, John M., *The Marriage Clinic*, W. W. Norton, Nueva York, 1999. Grinde, Bjørn, *Darwinian Happiness: Evolution as a Guide for Living and Understanding Human Behavior*, Darwin Press, Princeton, NJ, 2002.

Jureidini, J., *et al.* "Efficacy and Safety of Antidepressants for Children and Adolescents", *British Medical Journal*, 328, 2004, pp. 879-883.

Karen, Robert, *Becoming Attached: First Relationships and How They Shape Our Capacity to Love*, Oxford University Press, Nueva York, 1998.

Kimball, Jill, *et al.*, *Drawing Families Together One Meal at a Time*, Active Media Pub, Orlando, FL, 2003.

Leach, P., *Your Baby and Child: From Birth to Age Five*, ed. rev., Knopf, Nueva York, 1997.

Lott, Deborah, "Brain Development, Attachment and Impact on Psychic Vulnerability", *Psychiatric Times*, 15, núm. 5, 1998, pp. 1-5.

Moradi, S. Robert., "The Father-Child Connection: A Struggle of Contemporary Man." *Psychiatric Times*, 14, núm. 1, 1997.

Murray, Bob y Alicia Fortinberry, *Creating Optimism: A Proven Seven-Step Program far Overcoming Depression*, McGraw-Hill, Chicago, 2004. Nathanielsz, Peter W., *Life in the Womb: The Origin of Health and Disease*, Promethean Press, Ithaca, NY, 1999.

Newburg, Andrew, et al., *Why God Won't Go Away: Brain Science and the Biology of Belief*, Ballantine Books, Nueva York, 2002.

O'Connor, Richard, *Undoing Depression: What Therapy Doesn't Teach You and Medication Can't Give You*, Berkeley, Nueva York, 1999.

Popenoe, D., *Life Without Father: Compelling New Evidence That Fatherhood and Marriage Are Indispensable far the Good of Children and Society*, Free Press, Nueva York, 1996.

Reiss, Stephen, "Secrets of Happiness", *Psychology Today*, enero/febrero 2001.

Ridley, Matt, *Nature via Nurture: Genes, Experience and What Makes Us Human*, Harper Collins, Nueva York, 2003.

_____, *Origins of Virtue: Human Instincts and the Evolution of Cooperation*, Penguin Viking, Nueva York, 1996.

Salk, Lee, *What Every Child Would Like His Parents to Know*, Warner Books, Nueva York, 1973.

Schore, Allan N., *Affect Regulation and the Origin of the Self. The Neurobiology of Emotional Development*, Lawrence Erlbaum, Hillsdale, NJ, 1999.

Sears W., *et al.*, *The Baby Book*. 2da. ed., Little Brown, Nueva York, 2003. Seligman, Martino, *The Optimistic Child: Proven Program to Safeguard Children from Depression and Build Lifelong Resistance*, Harper Perennial, Nueva York, 1996.

Siegel, Daniel J., *The Developing Mind: How Relationships and the*

Brain Inter   act to Shape Who We Are, Guilford Press, Nueva York, 2001.

Stevens, Anthony y John Price, *Evolutionary Psychiatry*, 2a. ed., Routledge, Londres, 2000.

Stroufe, I. A., *et al.*, *Child Development: Its Nature and Course*, 2a. ed., McGraw-Hill, Nueva York, 1992.

Turnbull, Colin, *The Forest People*, Pimlico, Londres, 1993.

Viorst, Judith, *Necessary Losses*, Fawcett, Nueva York, 1986.

Walsh, Froma, *Strengthening Family Resilience*, Guilford Press, Nueva York, 1998.

Wilson, James Q., *The Marriage Problem: How Our Culture Has Weakened Families*, Harper Collins, Nueva York, 2002.

Wright, Robert, "Evolution of Despair", *Time*, 28 de agosto de 1995.

Este libro se terminó de imprimir en el mes de Abril
de 2008, en Orsa y Asociados, S.A. de C.V., Pino Núm.
460, Col. Sta. María Insurgentes, 06450, México, D.F.